삶을 변화시킨

이것이 참된 복음이다

삶을 변화시킨
이것이 참된 복음이다

© 생명의말씀사 2018

2018년 3월 14일 1판 1쇄 발행

펴낸이 | 김재권
펴낸곳 | 생명의말씀사

등록 | 1962. 1. 10. No.300-1962-1
주소 | 서울시 종로구 경희궁1길 5-9(03176)
전화 | 02)738-6555(본사) · 02)3159-7979(영업)
팩스 | 02)739-3824(본사) · 080-022-8585(영업)

지은이 | 윤성완

기획편집 | 서정희, 장주연
디자인 | 박소영
인쇄 | 예원프린팅
제본 | 정문바인텍

ISBN 978-89-04-16616-9 (03230)

저작권자의 허락없이 이 책의 일부 또는 전체를
무단 복제, 전제, 발췌하면 저작권법에 의해 처벌을 받습니다.

삶을 변화시킨

이것이 참된 복음이다

윤성완 지음

생명의말씀사

추천의 글

저자는 복되지만 수고로운 목회의 부름을 다 감당하고 은퇴하신 후에 목회를 통해 체험했던, 복음이 사람을 변화시키는 실제적인 능력을 널리 전하고 나누고픈 마음을 담아 이 책을 저술하셨습니다. 늘 연구하시며 목회를 해오셨던 목사님이 그 연구에다 목회 현장에서의 많은 경험을 버무려 삶을 변화시키는 진리의 능력을 경험적으로 잘 기술해 놓으셨습니다.

결국 오늘 조국 교회의 문제의 핵심은 사람의 삶을 변화시키는 복음의 능력을 회복하는 것이라고 말할 수 있을 텐데, 적절한 시점에 좋은 책이 출간되어 참 기쁩니다. 더욱이 저는 젊은 시절 곁에서 지켜보며 존경하고 본받고 싶어 하던 목사님의 귀한 저서에 추천의 글을 쓰게 되어 더욱 기쁘고 감사한 일이 아닐 수 없습니다.

목사님이 은퇴하신 후에 농촌에 내려가 땅을 일구시면서 감사와 기쁨, 평안이 넘치는 삶을 사시는 모습은 그 자체만으로도 복음의 능력을 잘 드러내 줍니다. 그에 더해 목사님이 저술하신 이 책에는 목회의 여정에서 경험적으로 확인하셨던 진리의 능력이 잘 담겨 있으므로 많은 사람이 즐겨 읽고 유익을 얻기를 기대합니다.

화종부 (남서울교회 담임목사)

종교개혁가 존 칼빈은 제네바시(市)를 지키려면 제네바 교회를 지켜 달라는 유언을 남겼습니다. 오늘날에도 동일하게, 교회를 지키는 일은 민족과 나라를 지키는 일임이 분명합니다. 교회는 진리 위에 세워져야 합니다. 이 사실은 시대를 초월한 절대 진리입니다. 오늘날 한국 교회의 많은 고민은 여기서부터 해답을 찾을 수 있습니다. 복음이 복음답게 선포될 때 교회는 다시 살아날 것입니다.

윤성완 목사님은 복음을 위해 한평생을 헌신해 오신 분입니다. 저는 학창 시절부터 목사님의 가르침을 받아 왔습니다. 언제나 목사님의 설교에는 복음이 선명하게 담겨 있어 영적인 각성이 뜨겁게 일어나곤 했습니다. 은퇴 후 쉬지 않으시고, 강단에서 쏟아 내셨던 말씀을 이제 글로 선포하시고자 『삶을 변화시킨 이것이 참된 복음이다』라는 소중한 저서를 내놓으셨습니다. 여전히 예리하게 정곡을 찌르는 말씀 앞에 거룩한 충격을 받게 됩니다. 또한 애매했던 영적인 고민이 시원스럽게 뚫리는 기쁨이 있습니다.

주님이 윤성완 목사님의 귀한 저서를 통해 복음의 강력한 능력을 한국 교회 가운데 충만하게 드러내시리라 확신하며 일독을 권합니다.

윤형중 (홍콩한국선교교회 담임목사, 생명길선교회 회장)

감수의 글

복음으로
인간을 변화시키려는 열심

이번에 윤성완 목사님이 35년간 성공적으로 목회를 하시고 원로 목사로 은퇴하신 후에 그 열매로 『삶을 변화시킨 이것이 참된 복음이다』라는 책을 저술하셨습니다. 이 책은 평소에 저자가 복음이 무엇인지에 대해 많이 연구하며 그것을 목회에 적용해 사람들을 변화시켰던 경험을 정리했다는 점에서 참으로 큰 의미가 있습니다. 저자는 제가 옆에서 본 바 진실한 마음으로 성실하게 목회 사역을 감당해 오셨습니다. '어떻게 하면 성도들이 예수 그리스도를 닮아 갈까?' 하는 마음으로 목회하셨습니다. 그분의 지도를 받은 성도들이 복음의 능력을 가지고 믿음으로 살아가는 모습을 보면 참으로 성실한 목회를 하셨음을 알 수 있습니다.

저자는 이 책에서 율법이 무엇인지 정확하게 설명하는 동시에, 타락한 인간과 율법의 관계, 그리고 그러한 인간을 성령과 복음의 능력으로 변화시키는 방법을 간결하게 잘 정리하셨습니다. 특히 율법이 성령 없는 자들에게는 폭군처럼 임하는 것을 지적하는 동시에 중생해 성령으로 사는 자들은 부드럽게 대하며 그들을 성화시키는 것도 잘 설명하셨습니다.

  이 책은 단순히 많은 서적을 읽고 연구한 것으로 그치지 않고 성경을 깊이 연구하고 목회에서 임상 실험을 한 뒤에 열매를 확인한 후 한 권의 책으로 정리되었다는 점에서 큰 의미가 있습니다. 따라서 일반 목회자들은 새 신자를 효과적으로 교육하고, 동시에 아직 복음의 능력을 체험하지 못한 기존 교인을 확신 있는 성도로 교육하는 데 이 책이 매우 유익하리라 확신합니다. 또 영적인 침체에 빠져 있거나 삶의 방향을 잃어버리고 방황하는 일반 성도는 이 책을 통해 위로를 받으며 풍성한 삶을 위한 방향을 발견하게 될 것입니다.

  이 책이 한국 교회가 새롭게 되는 일에 일조하며, 한국 교회가 다시 세상의 빛과 소금이 될 수 있기를 바랍니다.

권호덕 (전 백석대학교 조직신학 교수, 전 서울성경신학대학원대학교 총장)

서문

진정한 복음은
삶을 변화시키는 무한한 능력이다

지금으로부터 약 36년 전 강도사 시절, 서울 돈암동에 있는 한 교회에서 1년간 대학부를 맡아서 지도한 적이 있습니다. 목회를 마치고 은퇴한 지금도 그때의 일을 잊을 수 없습니다.

그 이유는 살아 있는 무한한 복음의 능력을 처음 체험했기 때문입니다. 젊은이들에게 예수 그리스도의 복음의 새 생명이 임하자 그들에게서 온갖 죄악이 마치 낙엽처럼 저절로 떨어져 나가고 완전히 새롭게 변화되는 모습을 직접 목격했습니다. 예수 그리스도의 새 생명이 죄의 낙엽을 밀어내는 모습이었습니다.

왜 사도 바울이 그 당시 최대의 무력을 자랑하던 대로마 제국을 향해 "내가 복음을 부끄러워하지 아니하노니 이 복음은 모든 믿는 자에게 구원을 주시는 하나님의 능력이 됨이라"(롬 1:16)라고 담대히 말할 수 있었는지를 조금은 이해할 수 있었습니다.

복음은 영원한 새것인 동시에 옛것이요, 옛것인 동시에 새것입니다. 즉 복음은 영원불변의 진리로서 생명이요, 전능하신 하나님의 능력입니다. 죽은 이론이 아닙니다. 복음을 사념화하려는 것은 사탄의 고도의 작전입니다.

지금도 성령을 통해 내 안에 살아 계시는 예수님 자신이 바로 살아 있는 복음입니다. 그러므로 예수님만이 우리에게 영원한 참 생명과 변화를 가져다주실 수 있습니다. 또한 우리는 그리스도 안에 있을 때만 풍성한 열매를 맺을 수 있습니다.

우리가 살고 있는 이 시대에는 사람들이 순수한 복음에다 세상적인 물을 너무 많이 타서 그리스도의 피가 묽어져 그 능력이 실제로 잘 나타나지 않습니다. 값싼 물질적인 기복주의, 신비주의, 번영신학, 신사도운동 등 참 복음이 아닌 것들이 복음을 밀어내고 대신 판을 치고 있습니다.

복음은 불학무식한 노인이나 어린아이라도 이해할 수 있을 만큼 단순하지만, 한편 아무리 신앙이 깊은 사람이라도 그 너비와 길이와 높이와 깊이를 이해할 수 없으며 그 한계를 다 측량할 수 없을 만큼 무한합니다. 그러므로 참으로 복음을 이해하는 사람은 자연히 겸손해질 수밖에 없으며, 어린아이처럼 단순하기 때문에 능력이 있습니다.

당시 저는 대학부원들이 '자유로운 대화식 성경 공부'를 통해서 현실 속에서 치러야 할 모든 시행착오를 서로의 대화 속에서 다 마치고, 마침내 현실에서 실제로 행하는 것만이 남아 있는 모습을 보았으며, 무엇보다도 삶이 변화되는 것을 보았습니다. 그래서 진정한 복음은 무엇보다도 삶을 변화시킨다는 사실을 깨닫게 되었습니다.

그리고 복음의 중심이 되시는 예수 그리스도를 깊이 묵상하는 가운데, 8편의 메시지(예수 그리스도의 말씀, 겸손, 온유, 눈물, 기쁨, 사랑, 기도, 긍휼)를 얻었습니다. 특히 복음은 우리가 처음 예수님을 믿을 때 한 번 체험하고 마는 일회용 통과물이 아니라 일생 동안 매일, 매 순간 늘 새롭게, 더 깊이 체험되어야 하는 지속적으로 살아 있는 복음임을 깨닫게 되었습니다.

복음에 의한 신앙은 신자로 하여금 만나는 모든 사람에게 평안을 줄 수 있을 만큼 조화와 균형 있는 믿음을 그 특징으로 합니다. 그런 면에서 독자들을 위해 "두 발로 걸어라"라는 제목의 부록을 첨가했습니다.

　감수를 위해 수고해 주신 권호덕 교수님과 출간을 위해 수고하신 생명의말씀사 편집부와 CD와 공연 초대권을 기증해 주신 라이프 로드 싱어즈(Life Road's Singers), 그리고 원고를 입력하고 정리하기 위해 수고하신 김관범 목사님과 심준호 목사님께 감사드립니다. 또한 이 책의 출간을 위해 물심양면으로 후원해 주신 한우리교회 성도님들께 심심한 감사를 드립니다.

2018년
남양주 사택 서재에서
윤성완 목사

contents

추천의 글 _4
감수의 글 _6
서문 _8

제1부

삶을 변화시킨 실제적 복음의 능력
_ 목회 사역 체험에서 얻은 복음의 능력

1장　나는 누구인가?
　　　파산된 실존 _19

2장　복음이란 무엇인가?
　　　살아 계신 예수 _26

3장　율법과 율법주의는 서로 어떻게 다른가?
　　　참과 거짓 _40

4장　하나님은 왜 율법을 주셨는가?
　　　예비 복음 _43

5장　우리는 언제, 어떻게 율법에 대해 죽었는가?
　　　그리스도와 함께 십자가에서 _46

6장　율법이 먼저인가, 은혜가 먼저인가?
　　　원칙과 실제 _49

7장　하나님은 왜 때가 차기까지 기다리게 하시는가?
　　　인간의 한계 _53

8장 복음 안에서의 자유란 무엇인가?
죄에서의 해방 _57

9장 복음을 믿는데도 왜 우리의 삶에 기쁨과 생동감이 없는가?
살아 있는 지속적인 복음 _62

10장 율법과 복음에 의한 삶의 동기는 어떤 차이가 있는가?
두려움과 사랑 _65

11장 율법적인 신자와 복음적인 신자의
생활 방식과 태도는 서로 어떻게 다른가?
새 술은 새 부대에 _70

12장 우리는 어떻게 율법의 굴레에서 벗어나
참 복음을 믿는 신앙으로 변화될 수 있는가?
성령의 계시로 _76

13장 복음을 믿는데도 왜 우리의 삶이 변화되지 않는가?
전체 복음 _81

14장 복음을 믿는 자가 빠지기 쉬운 3가지 함정은 무엇인가?
방종과 나태와 영적인 교만 _85

제2부

복음의 중심 메시지_ 예수

1장 말씀으로 오신 예수님 _91
2장 예수님의 겸손 _100
3장 예수님의 온유 _103
4장 예수님의 눈물 _107
5장 예수님의 기쁨 _111
6장 예수님의 사랑 _114
7장 예수님의 기도 _118
8장 예수님의 긍휼 _122

부록

두 발로 걸어라
조화와 균형 있는 믿음

1. 말씀의 현장과 삶의 현장 _127
2. 기성과 신앙 _130
3. 회개와 용서 _132
4. 믿음과 행함 _134
5. 은혜와 은사 _137
6. 영과 육의 문제 _140
7. 긍지와 겸손 _143
8. 절약과 인색함 _145
9. 말씀과 기도 _147
10. 예배와 삶 _150
11. 관대함과 타협 _158
12. 에서형의 신자와 야곱형의 신자 _161
13. 누리는 것과 베푸는 것 _166
14. 화평함과 거룩함 _168
15. 다윗과 골리앗의 처세술 _170
16. 성령과 주님의 계명_ 임마누엘 _175

즈 _179

1장   나는 누구인가?_ 파산된 실존
2장   복음이란 무엇인가?_ 살아 계신 예수
3장   율법과 율법주의는 서로 어떻게 다른가?_ 참과 거짓
4장   하나님은 왜 율법을 주셨는가?_ 예비 복음
5장   우리는 언제, 어떻게 율법에 대해 죽었는가?_ 그리스도와 함께 십자가에서
6장   율법이 먼저인가, 은혜가 먼저인가?_ 원칙과 실제
7장   하나님은 왜 때가 차기까지 기다리게 하시는가?_ 인간의 한계

삶을 변화시킨 실제적 복음의 능력

목회 사역 체험에서 얻은 복음의 능력

제 1부

8장 복음 안에서의 자유란 무엇인가?_ 죄에서의 해방
9장 복음을 믿는데도 왜 우리의 삶에 기쁨과 생동감이 없는가?_ 살아 있는 지속적인 복음
10장 율법과 복음에 의한 삶의 동기는 어떤 차이가 있는가?_ 두려움과 사랑
11장 율법적인 신자와 복음적인 신자의 생활 방식과 태도는 서로 어떻게 다른가?_ 새 술은 새 부대에
12장 우리는 어떻게 율법의 굴레에서 벗어나 참 복음을 믿는 신앙으로 변화될 수 있는가?_ 성령의 계시로
13장 복음을 믿는데도 왜 우리의 삶이 변화되지 않는가?_ 전체 복음
14장 복음을 믿는 자가 빠지기 쉬운 3가지 함정은 무엇인가?_ 방종과 나태와 영적인 교만

1장

나는 누구인가?
파산된 실존

태초에 하나님은 인간을 하나님의 형상을 지닌 무한히 가치 있는 존재로 창조하셨습니다. 또한 다른 피조물과 달리 창조적 지혜와 능력을 가지고 생육하고 번성하면서 하나님이 만드신 우주 만물을 정복하고 다스리도록 인간에게 '왕권'을 주셨습니다(창 1:26-28). 그 머리에 영화와 존귀로 관을 씌우시고 하나님보다 조금 못하게 창조하셨으며, 만물 가운데 가장 아름답고 존귀한 존재가 되게 하셨습니다(시 8:5).

조각가 오귀스트 로댕(Auguste Rodin)은 육체적으로 볼지라도 "하나님이 만드신 피조물들 가운데 가장 아름다운 것은 인간의 육체다"라고 말했습니다. 하물며 하나님의 형상을 닮은 인간은 다른 어느 피조물들과 비교할 수 없을 정도로 무한히 아름다운 존재로 창조되었습니다.

그러나 범죄해 타락한 이후 인간은 허물과 죄로 죽었기 때문에 전적으로 부패하고, 전적으로 무능력한 존재가 되었습니다(엡 2:1). 최초의 범죄로 말미암아 인간과 하나님 사이에 실존적 격리와 두려움이 생겼고(창 3:10), 인간과 인간 사이에 원망과 미움이 생겼으며(창 3:12), 나와 나 자신 사이에 갈등과 불안이 생겼고(창 3:8), 인간과 자연 사이에 죄로 인한 저주가 생기면서(창 3:17) 인간은 전적으로 '파산된 실존'으로 전락하고 말았습니다.

인간은 죄로 인해 참 생명을 잃어버렸으며(잃은 양의 비유), 인간의 가치를 잃어버렸고(잃은 드라크마의 비유), 하나님의 자녀로서의 특권을 잃어버렸습니다(탕자의 비유)(눅 15장).

독일의 유명한 철학자 임마누엘 칸트(Immanuel Kant)는 "인간에게는 인간의 힘으로 제어할 수 없는 무서운 죄의 관성이 있어서 그것이 우리 인간을 파멸과 불행으로 휘몰아 간다"라고 말했습니다. 인간은 죄를 짓기에 비로소 죄인이 되는 것이 아니라 태어나면서부터 근본적으로 죄인이기 때문에 불가불 죄를 짓게 되는 것입니다.

그래서 다윗은 시편 51편 5절에서 "내가 죄악 중에서 출생하였음이여 어머니가 죄 중에서 나를 잉태하였나이다"라고 고백했습니다. 또한 사도 바울은 다음과 같이 말하면서 그 영혼이 하나님을 향해 절규했습니다.

"내 속 곧 내 육신에 선한 것이 거하지 아니하는 줄을 아노니 원함은 내게 있으나 선을 행하는 것은 없노라 내가 원하는 바 선은 행하지 아니하고 도리어 원하지 아니하는 바 악을 행하는도다 만일 내가 원하지 아니하는 그것을 하면 이를 행하는 자는 내가 아니요 내 속에 거하는 죄니라 그러므로 내가 한 법을 깨달았노니 곧 선을 행하기 원하는 나에게 악이 함께 있는 것이로다 내 속사람으로는 하나님의 법을 즐거워하되 내 지체 속에서 한 다른 법이 내 마음의 법과 싸워 내 지체 속에 있는 죄의 법으로 나를 사로잡는 것을 보는도다 오호라 나는 곤고한 사람이로다 이 사망의 몸에서 누가 나를 건져 내랴"(롬 7:18-24).

죽은 사람의 시신에서 썩은 물이 흘러나오듯이 죄인에게서 죄가 흘러나오는 것은 어쩌면 당연한 현상인지도 모릅니다. 범죄해 타락한 인간은 다 거기서 거기입니다. 사도 바울의 말처럼 타락한 "나는 [인간은] 육신에 속하여 죄 아래에"(롬 7:14) 팔렸습니다. 인간은 백날 가도 이 모양 이 꼴(죄인)밖에 안 됩니다.

죄로 인해 타락한 나는 전적으로 파산된 실존이기 때문에 실망할 만한 가치조차도 없습니다. 인간의 이성도, 양심도 죄로 인해 전적으로 타락했기 때문입니다.

그럼에도 불구하고 아직도 많은 사람이 그리스도 밖에서 인간의 헛된 기대와 자기 수고를 계속하고 있습니다. 그 첫째가 '종교'를 통해 스스로 의를 이루어 하나님께 이르고자 하는 것입니다. 하나님이 인간에게 영원을 사모하는 마음을 주셨기 때문입니다(전 3:11). 그러나 율법의 행위로는 하나님 앞에 의롭다 함을 얻을 육체가 하나도 없습니다(롬 3:20). 선을 행하고, 동시에 죄를 전혀 범하지 아니하는 절대 완전한 의인은 세상에 아주 없기 때문입니다(전 7:20). 그러므로 인간은 종교 행위로도, 율법의 의로도 하나님의 영광에 결코 이르지 못합니다(롬 3:23).

하나님은 그리스도께서 육신을 입고 이 땅에 오시기 전 수천 년 동안 인류 역사의 시행착오를 통해 이 사실을 충분히 입증하셨습니다. 인간 스스로의 힘으로는 '율법의 의'도 '인간의 구원'도 절대로 이룰 수 없다는 사실 말입니다.

사실 하나님이 인간에게 오실 수는 있어도, 인간이 하나님께로 갈 수 있는 길은 전혀 없습니다. 이 세상의 모든 종교는 스스로 율법을 행함으로 의를 이루고자 하는 소위 '자율(自律)의 종교'입니다. 그러므로 성 어거스틴(St. Augustinus)은 그의 『고백록』에서 "나는 사람이 하나님께 이를 수 있다는 것을 믿을 수 없다. 왜냐하면 그것은 불가능한 일이기 때문이다. 그러나 하나님이 사람이 되신 것(성육신하신 예수)은 기꺼이 믿는다. 왜냐하면 그것은 가능한 일이기 때문이다"[1]라고 말했습니다.

혹자는 '수양'이나 '철학적인 사색'을 통해서 하나님께 이르고자 합니다(골 2:8). 그러나 만물보다 더욱 부패한 것이 사람의 마음으로서(렘 17:9), 사람은 꽃보다, 미물 짐승보다 더 악하게 타락했습니다. 꽃은 자기를 사랑하는 자에게도, 미워하는 자에게도 동일한 향기를 풍겨

냅니다. 그러나 사람은 그렇지 못합니다. 밤에 짐승을 만나는 것보다 낯선 사람을 만나는 것이 더 무섭습니다.

또한 철학은 죄로 인해 타락한 인간에게서 나온 것이요, 하나님께로부터 온 것이 아닙니다. 따라서 솔로몬은 이 세상 인간의 지혜는 죄로 인해 구부러진 인간의 문제를 근본적으로 곧게 하거나 해결해 주지 못한다고 말했습니다.

"구부러진 것도 곧게 할 수 없고 모자란 것도 셀 수 없도다"(전 1:15).

이와 같이 죄로 인해 타락한 인간은 하나님이 세우신 기준에 스스로 아무것도 할 수 없는 전적으로 무기력하고 무가치한 존재입니다. 또한 죄로 인해 타락한 인간, 육신의 생각은 하나님과 원수가 되기 때문에 하나님의 법에 굴복하지 아니할 뿐 아니라 할 수도 없습니다(롬 8:7). 불가항력적으로 파산된 실존이 되고 말았습니다. 성경에서는 이것을 가리켜 '죄' 혹은 '육'이라고 말합니다(마 26:41; 롬 8:6). 이것은 타락한 인간 내면에 있는 불가항력적인 무서운 죄의 관성(원죄)을 말합니다.

지극히 작은 일을 해놓고 지극히 크게 교만하기를 잘하고, 지극히 작은 고난에 부딪혀서도 지극히 크게 절망하기를 잘하는 것이 인간의 숙명적인 허물입니다. 심지어 자살하기까지 합니다. 죄로 인해 파산된 실존인 인간은 지금 자신의 영혼을 인도해 줄 진정한 지도자(목자)가 없이 어두움 속에서 유리하고 방황하면서 영육 간의 배고픔과 온갖 질병과 재앙으로 인해 순간순간 고통하고 고뇌하며 살아갑니다. 그래서 세계적인 복음 전도자 빌리 그레이엄(Billy Graham)은 "인간의 근본 문제는 환경적이고 사회적인 데 있는 것이 아니라 영적인 데 있다"[2]라고 말했습니다.

그러므로 이제 우리는 무엇보다도 죄로 인해 무능력하고, 무가치하며, 의지할 데 없는 우리 자신을 전적으로 부인해야 합니다. 실오라기 하나라도 자기 자신을 의지하지 말고 철저히 나 자신을 부정해야 합니다. 왜냐하면 인간은 죄로 인해 삶의 목적과 수단이 바뀌었을 뿐 아니라 삶에서 주인과 종의 위치가 전도되었기 때문입니다.

그러므로 이러한 나 자신을 '절대 부정'(Self-Denial)할 때 비로소 '절대 긍정'의 자아가 다시 살아나며, 참다운 그리스도인의 삶이 여기서 시작됩니다.

혹자는 "나를 부정하면 진정한 나는 어디 있습니까?"라고 반문합니다. 그러나 죄로 인해 뒤집히고 파산된 나 자신을 부정할 때 거기서 진정한 나 자신을 되찾게 되며, 내 영혼에 참된 자유와 기쁨과 안식과 승리가 오고, 참된 만족이 있습니다.

> "형제들아 내가 그리스도 예수 우리 주 안에서 가진 바 너희에 대한 나의 자랑을 두고 단언하노니 나는 날마다 죽노라"(고전 15:31).

"내가 그리스도와 함께 십자가에 못 박혔나니 그런즉 이제는 내가 사는 것이 아니요 오직 내 안에 그리스도께서 사시는 것이라 이제 내가 육체 가운데 사는 것은 나를 사랑하사 나를 위하여 자기 자신을 버리신 하나님의 아들을 믿는 믿음 안에서 사는 것이라"(갈 2:20).

날마다 죽으면 '그리스도 안에서' 날마다 새롭게 살아납니다(골 3:3).

2장

복음이란 무엇인가?
살아 계신 예수

오늘날 우리가 살고 있는 이 시대는 복음의 본질이 너무나 많이 흐려져 버렸습니다. 예수 그리스도의 피에 세상적인 물을 너무 많이 타서 '피의 능력'이 거의 나타나지 않습니다. 즉 복음이 순수하게 전파되지 않고 있습니다.

사도 바울은 고린도전서 15장 3-4절에서 복음이란 '성경대로 그리스도께서 우리 죄를 위하여 죽으시고 장사 지낸 바 되셨다가 성경대로 사흘 만에 다시 살아나신 것'이라고 말했습니다. 복음이란 어떤 추상적인 이론이나 철학적인 개념이 아니라 가장 구체적이며 실제적인 것입니다.

다윗의 혈통을 통해서 이 땅에 오신 예수님 자신이 복음입니다(롬 1:3-4). 좀 더 구체적으로 말해서, 우리의 죄를 위해 십자가에서 죽으시고, 3일 만에 다시 살아나셔서 지금도 하나님의 우편에 살아 계실 뿐 아니라 그분의 영이신 성령을 통해서 지금 우리 안에 실제로 '살아 계신 예수 그리스도 자신'(The living Jesus Christ Himself)이 곧 '복음'(The Gospel)입니다(요 14:6; 행 17:3 참조).

베드로는 이 복음의 능력으로 나면서 못 걷게 된 자로서 성전 미문에서 38년 동안 구걸하던 사람을 일으켜 세워 걷게 했습니다. 베드로는 "은과 금은 내게 없거니와 내게 있는 이것을 네게 주노니 나사렛 예수 그리스도의 이름으로 일어나 걸으라"(행 3:6)라고 말하면서 그의 오른손을 잡아 일으켰습니다. 그러자 그는 발과 발목이 곧 힘을 얻고 뛰어 서서 걸으며 그들과 함께 성전으로 들어가면서 걷기도 하고 뛰기도 하며 하나님을 찬송했습니다(행 3:7-8).

그러나 현대 그리스도인들 중에는 금과 은은 많지만 정작 살아 계신 예수 그리스도가 없는 자들이 많습니다. 그래서 능력과 변화가 나타나지 않습니다.

중세기 십자군 전쟁 때 "누구든지 십자군 전쟁에 참가하면 천국에 갈 수 있다"라는 말에 많은 사람이 재산을 모두 팔아서 수도원과 교회에 헌납하고 전쟁에 나갔습니다. 이로써 수도원과 교회가 갑자기 큰 부자가 되었습니다.

이때 로마 교황과 신학자 토마스 아퀴나스(Thomas Aquinas)가 함께 성 베드로 성당과 바티칸을 둘러볼 기회가 있었습니다. 토마스 아퀴

나스가 교황에게 "이제는 우리가 돈이 하도 많아서 '은과 금은 내게 없거니와'라는 말은 할 수 없게 되었네요"라고 말하자 교황이 이렇게 말했다고 합니다. "토마스, 그러면 교회가 더 이상 '나사렛 예수의 이름으로 걸으라'라는 말도 할 수 없는 거야!"[3]

그런데 오늘날 교회는 나사렛 예수의 이름의 능력보다 금과 은(돈)의 능력을 더 의지하며 강조하는 모습을 보게 됩니다. 이것은 현대 교회의 비극입니다.

"여자의 후손은 네 머리를 상하게 할 것이요 너는 그의 발꿈치를 상하게 할 것이니라"라는 창세기 3장 15절 말씀은 '원시 복음'(The Original-Gospel)입니다.

<u>복음은 먼저 '고난'이 있고, 그 후에 비로소 '영광'이 있습니다.</u> 우리의 구원자는 반드시 고난을 통해 승리로 나아가셔야 했습니다. 그분은 고난을 당하시고 죽임당하신 뒤에 영화롭게 되셨습니다.

"그리스도인들이 이 세상에서 경건하게 살고자 하는 이유 때문에 고난을 당한다는 것은 전혀 이상한 것이 아니고 당연한 것입니다. 따라서 만일 누가 예수만 믿으면 축복을 받아 만사형통한다고 복음을 전한다면 그것은 곧 샤머니즘이요, 잘못된 다른 복음입니다."[4]

복음은 추상적이거나 이론적인 것이 아니라 인격적이고 실제적인 것으로서, 우리의 전체 삶을 변화시킵니다. 예수님은 "내가 곧 길이요 진리요 생명이니 나로 말미암지 않고는 아버지께로 올 자가 없느니라"(요 14:6)라고 말씀하셨습니다. 예수님은 구원에 이르는 유일한 길이십니다. 복음은 종교가 아니라 생명입니다.

"복음에는 하나님의 의가 나타나서 믿음으로 믿음에 이르게 하나니 기록된 바 오직 의인은 믿음으로 말미암아 살리라 함과 같으니라"(롬 1:17).

"이제는 율법 외에 하나님의 한 의가 나타났으니 율법과 선지자들에게 증거를 받은 것이라 곧 예수 그리스도를 믿음으로 말미암아 모든 믿는 자에게 미치는 하나님의 의니 차별이 없느니라"(롬 3:21-22).

'예수님 자신'이 바로 우리의 의(義)가 되십니다. 예수님은 '영원히 살아 계시는 하나님의 완전한 의'가 되십니다. 최초에 하나님은 범죄한 인간을 위해 대신 한 짐승을 죽게 하시고 그 가죽으로 옷을 지어 입히셨습니다. 마찬가지로 하나님은 우리의 죄를 대신해 "세상 죄를 지고 가는 하나님의 어린양"(요 1:29)을 십자가에서 죽게 하시고, 3일 만에 다시 살아나게 하심으로 말미암아 영원히 낡지 않고 없어지지 않는 살아 있는 완전한 의의 옷을 친히 만들어 주셨습니다. 그러므로 누구든지 지금 믿음으로 그 의의 옷을 받아 입기만 하면 하나님은 그를 전혀 죄를 짓지 않은 사람처럼 보십니다.

"하나님이 죄를 알지도 못하신 이를 우리를 대신하여 죄로 삼으신 것은 우리로 하여금 그 안에서 하나님의 의가 되게 하려 하심이라"(고후 5:21).

"그는 우리 죄를 위한 화목 제물이니 우리만 위할 뿐 아니요 온 세상의 죄를 위하심이라"(요일 2:2).

그런데 하나님의 아들이신 예수님이 왜 그토록 무기력하게 십자가에서 죽으셔야만 했습니까?

예수님은 인간의 죄를 대속하시기 전에 먼저, 인간의 죄로 인해 잃어버린 하나님의 공의를 회복시키시며 하나님을 만족시켜 드려야만 하셨습니다. 만일 그렇게 하시지 않고 하나님이 우리를 무조건 의롭다 하시면 하나님 자신이 불의한 분으로 몰리게 되시기 때문입니다.

왜 우리는 예수 그리스도의 복음(그분의 죽으심과 부활)을 믿어야만 구원받을 수 있습니까?

하나님이 예수 그리스도의 죽으심을 통해 인간의 모든 죄를 무덤에서 다 청산하시고, 또한 그분의 부활을 통해 의롭다 하심을 받고 새로운 삶을 살아갈 수 있게 하셨기 때문입니다.

예수님은 마지막 아담으로 오셔서 아담의 죄로 인한 모든 죗값(형벌과 저주)을 십자가 죽음을 통해 무덤에서 다 청산하셨고, 둘째 사람으로서 3일 만에 죄와 상관없는 몸으로 다시 살아나셔서 우리를 의롭다 하셨고 부활의 영과 부활의 새 생명으로 새로운 삶을 살게 해주셨습니다.

"기록된 바 첫 사람 아담은 생령이 되었다 함과 같이 마지막 아담은 살려 주는 영이 되었나니……첫 사람은 땅에서 났으니 흙에 속한 자이거니와 둘째 사람은 하늘에서 나셨느니라"(고전 15:45, 47).

"예수는 우리가 범죄한 것 때문에 내줌이 되고 또한 우리를 의롭다 하시기 위하여 살아나셨느니라"(롬 4:25).

그러므로 우리는 예수 그리스도의 십자가 죽으심을 믿음으로 말미암아 우리의 죄악된 옛 삶을 깨끗이 청산해야 합니다. 그 후에야 비로소 부활의 새 삶, 즉 부활의 능력과 영광이 나타나기 시작합니다. 그런데 반드시 십자가의 고난이 있은 후에야 비로소 부활의 영광과 능력이 옵니다.

분당우리교회 이찬수 목사님은 요한계시록 강해서인 『오늘을 견뎌라』에서 교회로 상징된 두 증인들에 대해 이렇게 말했습니다.

"그들에게는 원수들을 무찌르고 밟아 죽일 만한 능력이 있었다. 그런데 두 증인은 그러한 강력한 힘을 가지고 있으면서도 그 힘을 원수들을 짓밟고 복수하는 데 쓰지 않고 먼저 주님이 걸어가셨던 십자가의 길, 그 죽음의 길을 묵묵히 걸어가는 데 쓰고 있다.

우리는 십자가의 길을 걷기는커녕 더 강력한 힘과 능력을 원한다. 아무도 우리에게 함부로 하지 못하는 그런 힘 말이다.

기독교는 '죽는 종교'이다. 기독교는 힘을 모으고, 힘을 과시하고, 그것을 휘두르는 종교가 아니라 주님이 주시는 은혜로 '죽는 종교'이다. 날마다 자아를 꺾고, 날마다 내 고집을 꺾고, 날마다 묵묵히 용납하고 살아 내는 것, 이렇게 죽는 것이 바로 기독교이고 십자가이다. 그리고 우리가 그렇게 십자가의 길, 내 자아가 죽고 또 죽는 그 길을 걸어갈 때 거기서 놀라운 능력이 나타남을 경험하는 것이 기독교이다."[5]

또한 오늘날 현대 교회가 요한계시록에 나오는 두 증인들처럼 "내가 먼저 조용히 희생하고, 손해 보고, 포기하는 십자가의 길을 걸어갈 때 교회 안에 참된 회개의 역사가 일어날 것이다"[6]라고 말했습니다.

십자가의 고난이 없는 영광은 세상적이고 부패한 것이기 때문에 결국 죄로 인해 썩어 없어져 버리는 헛된 영광입니다. 오늘날 우리에게 그리스도의 부활의 영광과 능력이 나타나지 않는 이유는 고난이 없이 값싸고 헛된 세상 영광과 축복과 능력을 구하기 때문입니다.

'아담 안에서' 모든 사람이 죄로 인해 죽은 것같이 '그리스도 안에서' 많은 사람이 그분의 의로 인해 새로운 삶을 얻게 됩니다(고전 15:22). 아담이 처음 인류의 조상인 것처럼 예수님은 두 번째 인류의 조상[대표자(The Representative)]이십니다(롬 5:12-21).

그렇다면 우리는 어떻게 그리스도와 함께 죽고 다시 살아날 수 있습니까?

성령으로 말미암아 믿음으로 이루어지는 그리스도와의 신비로운 연합을 통해서만 가능합니다(롬 6:4-6; 고전 12:13). 우리는 처음 성령으로 세례7)를 받을 때 한 성령을 마심으로써 그리스도의 몸 안에 잠긴 바(연합, 일체) 됩니다. 내적, 실제적으로 연합되는데, 이것을 가리켜서 '세례'라고 합니다.

> "너희가 세례로 그리스도와 함께 장사되고 또 죽은 자들 가운데서 그를 일으키신 하나님의 역사를 믿음으로 말미암아 그 안에서 함께 일으키심을 받았느니라"(골 2:12).

> "그러므로 우리가 그의 죽으심과 합하여 세례를 받음으로 그와 함께 장사되었나니 이는 아버지의 영광으로 말미암아 그리스도를 죽은 자 가운데서 살리심과 같이 우리로 또한 새 생명 가운데서 행하게 하려 함이라"(롬 6:4).

> "우리가 유대인이나 헬라인이나 종이나 자유인이나 다 한 성령으로 세례를 받아 한 몸이 되었고 또 다 한 성령을 마시게 하셨느니라"(고전 12:13).

그래서 유명한 복음주의 신학자 A. B. 심슨(A. B. Simpson)은 "성령은 우리 자신을 그리스도와 함께 십자가에서 장사 지낸 위대한 장의사이시요, 생명의 참 포도나무이신 그리스도께 우리를 접붙이는 유일한 정원사이시다"라고 말했습니다.

그러므로 이제 우리는 우리 자신을 죄에 대하여는 그리스도와 함께 단번에 죽은 자요, 그리스도 예수 안에서 하나님께 대하여는 영원히 산 자로 여기는 삶을 살아야 합니다(롬 6:11).

영국의 유명한 왕실 목사였던 마틴 로이드 존스(Martyn Lloyd Jones)는 이렇게 말했습니다.

"복음이야말로 오늘날 이 세상의 유일한 소망입니다. 다른 것들이 시도되었지만, 다 '부족한 것'으로 드러났습니다. 다른 것들은 모두 실패했습니다. 철학자들이나 정치가들에게서 아무런 희망을 찾을 수 없으며, 소위 세상 종교인들에게서도 희망을 찾을 수 없습니다.
기독교는 죽은 종교가 아닙니다. '종교'는 기독교의 '최대의 적'입니다. 복음, 오직 복음에만 희망이 있습니다. 인간으로 하여금 인생을 정복하고, 다스릴 수 있게 하며, 결코 사라지지 않는 희망을 줄 수 있는 것은 오직 복음밖에 없습니다. 그러므로 오늘날 세상에서 가장 긴급한 일은 사람들에게 복음을 전하는 것입니다."[8]

1. 복음은 어떤 철학적인 관념이나 도덕적인 개념이 아니라 '역사적인 사실'입니다(눅 1:1-4; 행 1:1-3). 의사인 누가는 데오빌로 각하에게 두 번에 걸쳐서 예수 그리스도에 관한 '역사적인 사실'을 확증하고자 했습니다.

"우리 중에 이루어진 사실에 대하여……그 모든 일을 근원부터 자세히 미루어 살핀 나도 데오빌로 각하에게 차례대로 써 보내는 것이 좋은 줄 알았노니"(눅 1:1, 3).

예수님은 역사 가운데 오셔서 나사렛이라는 동네에 실제로 사셨습니다.

2. 복음은 지금도 살아 계신 '인격적인 예수'입니다(요 14:6). 복음은 어떤 교리나 이론이 아니라 인간의 몸을 입고 실제로 이 땅에 오신 예수님이 행하신 것과 말씀하신 것, 그리고 예수라는 인물이 의미하는 것입니다. 예수님은 "한 인격자(a person)인 '내가' 곧 길이요, 진리요, 생명이니라"라고 말씀하셨습니다.

"내가 곧 그 길이요, 그 진리요, 그 생명이니"(요 14:6, 원문 직역).

원문에는 '그'(헬라어로 '호')라는 정관사가 앞에 놓여 있는데 이는 최선의 것이 아닌, 다른 것과 '전혀 다른 유일한 것'을 의미합니다. 오직 살아 계신 예수님만이 인간을 변화시키실 수 있습니다.

저는 수많은 젊은이가 살아 계신 예수님에 의해 완전히 새롭게 변화되는 모습을 직접 목격했습니다(고후 5:17).

3. 복음은 신적인 능력(초자연적인 능력)입니다(갈 1:12). 인간이 만들어낸 것이 아니라 하나님이 계시해 주신 것입니다. 예수님은 하나님이

십니다. 부활하셔서 지금도 살아 계시는 예수님이 곧 복음입니다(롬 1:4).

놀랍고 복된 이 말씀만큼 우리에게 큰 위로와 용기를 주는 것은 없습니다. 이 세상은 어떤 정치가들의 손에 있는 것이 아니라 살아 계신 예수님(부활하신 그리스도)의 손에 있습니다. 정치는 결코 사람을 구원하거나 변화시키지 못합니다. 하나님은 이 세상일과 그 구속을 그분의 아들에게 맡기셨습니다. 그러므로 예수님은 하늘과 땅의 모든 권세를 갖고 계십니다.

하나님의 초자연적인 능력은 아무리 단단한 바위라도 무너뜨리는 다이너마이트와 같이 인간의 모든 완악함과 무지와 어리석음을 뚫고 들어갑니다. 그래서 마침내 인간을 구원하고 변화시킵니다. 이것이 복음의 능력입니다. 초자연적인 하나님의 능력만이 인간을 변화시킬 수 있습니다.

4. 복음은 곧 '생명'입니다(행 5:20). 그래서 복음은 삶을 통해서만이 실제로 전파될 수 있습니다. 예수님은 제자들에게 자신의 삶을 통해 자신의 생명을 옮겨 심으시기 위해 그들과 '동거'하셨습니다. 그리고 그들에게 이 생명의 복음을 전하라고 명하셨습니다. 복음은 지금도 살아 움직이는 생명이지, 죽은 이론이 아닙니다.

5. 복음은 '사랑'입니다(고전 13:4-7). 복음은 참을 수 없는 순간에도 끝까지 오래 참고 모든 허물을 덮어 주는 것입니다("모든 것을 참으며",

고전 13:7). 상대가 마침내 깨달을 때까지 가장 낮은 곳에서 모든 허물을 넘어 끝까지 섬기면서 믿음의 기대를 가지고 '견디는 것'입니다.

복음은 사랑에 의해 영혼의 모든 질병을 치료하는 양약입니다.

6. 복음은 값없이 주어지는 '하나님의 은혜'입니다(엡 2:8-9). 특히 사도 바울은 어디를 가든지 은혜의 복음을 강조했습니다(행 14:3, 20:24, 32). 진정으로 복음 안에 사는 자는 더 이상 자기 자신을 의지하지 않고, 오직 하나님의 은혜만을 의지합니다. 예수 그리스도의 은혜는 인간의 모든 죄와 허물보다 더 크고 강합니다.

"그러나 내가 나 된 것은 하나님의 은혜로 된 것이니"(고전 15:10).

7. 복음은 진리 안에서의 참된 '자유'입니다(요 8:32). 성령에 의해 진정으로 복음의 진리를 깨달은 자는 그 심령이 참된 영적 자유를 누립니다. 그래서 사도 바울은 갈라디아서 5장 1절에서 이렇게 말했습니다.

"그리스도께서 우리를 자유롭게 하려고 자유를 주셨으니 그러므로 굳건하게 서서 다시는 종의 멍에를 메지 말라."

복음 안에 있는 자는 아무것에도 매이지 않고 항상 담대하고 자유롭습니다. 영국의 왕실 목사였던 존 스토트(John Stott)는 이를 가리켜 "그리스도인의 자유 대헌장"(The Great Magna Carta of Christian Liberty)[9]이라고 했습니다. 또한 야고보 사도는 복음을 가리켜 "자유롭게 하는 온전한 율법"(약 1:25)이라고 했으며, "자유의 율법"(약 2:12)이라고 말했습니다. 이는 곧 사랑에 의해 행동하는 그리스도인의 삶의 원칙을 말합니다.

"주는 영이시니 주의 영이 있는 곳에는 자유가 있느니라"(고후 3:17).

성령 하나님은 언제 어디서나, 어떠한 환경에서나 형식에 얽매이지 않고 자유자재로 역사하십니다. 심지어 우리 무의식의 세계에서까지도 마음대로 다스리십니다. 그러므로 성령의 임재를 믿음으로 인정하기만 하면 우리는 언제든지 충만한 자유를 누릴 수 있습니다.

8. 복음은 곧 '안식'이요, '평안'입니다. 복음은 우리가 주님의 멍에를 메고 주님 자신을 배울 때 주님이 우리에게 주시는 안식(쉼)인 동시에, 우리의 심령에 찾아오는 근본적인 평안(화평, 히브리어로 샬롬)입니다. 그래서 예수님은 마태복음 11장 28-29절에서 이렇게 말씀하셨습니다.

"수고하고 무거운 짐 진 자들아 다 내게로 오라 내가 너희를 쉬게 하리라 나는 마음이 온유하고 겸손하니 나의 멍에를 메고 내게 배우라 그리하면 너희 마음이 쉼을 얻으리니."

그러므로 복음을 믿는 자는 어느 곳에 가든지 만나는 모든 사람에게 평안을 줄 수 있어야 합니다. 사도 바울은 에베소 교회 성도들을 향해 하나님의 전신갑주에 관해 말하면서 "평안의 복음이 준비한 것으로 신을 신고"(엡 6:5)라고 권했습니다.

또한 복음을 믿는 성도는 아브라함처럼 이 세상에서 가장 사랑하고 염려하는 모든 것을 하나님 앞에 다 내려놓고 신실하신 하나님을 의지할 때 하나님이 우리의 필요를 먼저 보시고 여호와의 산에서 미리 준비하셨다가 때가 되매 어김없이 채워 주심을 믿습니다. 그리고 날마다의 생활 속에서 그것을 체험합니다. 복음을 믿는 자에게는 이 세상이 결코 흔들 수 없는 '주님의 평안'이 있습니다(요 14:27).

"아브라함이 그 땅 이름을 여호와 이레라 하였으므로 오늘날까지 사람들이 이르기를 여호와의 산에서 준비되리라 하더라"(창 22:14).

"온갖 좋은 은사와 온전한 선물이 다 위로부터 빛들의 아버지께로부터 내려오나니 그는 변함도 없으시고 회전하는 그림자도 없으시니라"(약 1:17).

"그가 친히 말씀하시기를 내가 결코 너희를 버리지 아니하고 너희를 떠나지 아니하리라 하셨느니라"(히 13:5).

제1부 삶을 변화시킨 실제적 복음의 능력 | 39

3장

율법과 율법주의는
서로 어떻게 다른가?
참과 거짓

하나님은 아빕월 15일 유월절에 이스라엘 백성을 어린양의 피로 애굽에서 구원해 내셨고, 출애굽한 지 50일째 되던 날 시내산에서 십계명을 중심으로 한 하나님의 율법을 주셨습니다. 좁은 의미에서 율법은 '모세의 십계명'을 말합니다. 그러나 넓은 의미에서는 십계명을 비롯한 하나님의 모든 계명을 말합니다. 율법은 우리 영혼의 거울이 되어 죄를 밝히 깨닫게 해줍니다. 하나님의 율법은 완전하며 거룩하기 때문입니다.

그러면 구체적이고 실제적 의미에서 '율법주의'란 무엇입니까?

하나님의 은혜를 의지하지 않고 자기 육체를 의지하고 자랑하며 살아가는 인간의 자기 의존적인 노력(자기 의, 자기 공로)을 가리켜 '율법적인 삶'(율법주의)이라고 말합니다.

> "나더러 주여 주여 하는 자마다 다 천국에 들어갈 것이 아니요 다만 하늘에 계신 내 아버지의 뜻대로 행하는 자라야 들어가리라 그날에 많은 사람이 나더러 이르되 주여 주여 우리가 주의 이름으로 선지자 노릇 하며 주의 이름으로 귀신을 쫓아내며 주의 이름으로 많은 권능을 행하지 아니하였나이까 하리니 그때에 내가 그들에게 밝히 말하되 내가 너희를 도무지 알지 못하니 불법을 행하는 자들아 내게서 떠나가라 하리라"(마 7:21-23).

주님의 이 비유의 말씀 가운데 선지자 노릇 하며, 귀신을 쫓아내며, 주의 이름으로 많은 권능을 행한 이들이 왜 마지막 날 주님께로부터 심판을 받고 버림을 당할까요?

주님의 이름은 한갓 구실에 불과했을 뿐, 자기 의와 자기 공로로 자기 이름을 내기 위해 일했기 때문입니다. 가인이 하나님을 떠나 하나의 성을 쌓은 것처럼 하나님을 떠난 인간은 자기 의의 성을 쌓고 그곳에 갇혀서 살아갑니다.

이와 같이 아직도 하나님을 믿지 않고 인간의 힘으로 살아가는 모든 사람은 '율법 아래' 있는 자들이요, 하나님의 은혜를 부인하는 자들입니다. 또한 모든 일을 행한 후에 "내가"라고 말할 때 자기 공로와 자기 의를 내세우는 '내가' 곧 나 자신에게 하나의 율법이 됩니다. 다시 말해서 매사에 하나님의 은혜를 의지하지 않고 자기 육체의 그 무엇을 의지하고 자랑하는 '나 자신'이 곧 율법적인 자아인 것입니다.

이러한 사람은 무엇보다도 예수 그리스도의 은혜 자체를 부인하기 때문에 구원을 받지 못합니다. 왜냐하면 자기 스스로의 힘으로 하나님의 율법을 이루고자 하기 때문입니다. 이것은 율법주의로서, 율법에 대한 잘못된 견해입니다. 그래서 사도 바울은 하나님의 은혜로 시작했다가 다시금 자기중심적인 육신으로 돌아간 갈라디아 교회 성도들, 소위 '갈라디안주의자'들을 향해 이렇게 말했습니다.

"율법 안에서 의롭다 함을 얻으려 하는 너희는 그리스도에게서 끊어지고 은혜에서 떨어진 자로다"(갈 5:4).

그러나 성경은 "이미 그의 안식에 들어간 자는 하나님이 자기의 일을 쉬심과 같이 그도 자기의 일을 쉬느니라"(히 4:10)라고 말합니다. 그러므로 그리스도인들은 하나님의 은혜로 말미암아 자기 자신을 속박하는 소위 율법주의의 굴레에서 벗어나 스스로를 자유롭게 하는 온전한 율법(자유의 율법), 곧 진리의 복음 안에서 살아가는 자들처럼 자유롭게 말도 하고 행동하기도 합니다(약 1:25, 2:12).

4장

하나님은 왜 율법을 주셨는가?
예비 복음

성경은 하나님이 인간을 창조하실 때 인간의 마음 판에 율법을 새겨 주셨다고 증거합니다(롬 2:15). 인간은 율법대로 살면 사탄이나 짐승이 되지 않고 인간으로서 보호되는 것입니다. 하지만 인간은 타락 후 율법을 지킬 수 없는 존재로 변해 버렸습니다.

하나님은 아브라함을 택하시고 그 후손들이 하나님의 백성으로서 기능을 발휘할 수 있도록 모세를 통해 율법을 명문화해 주셨습니다. 문제는 성령 없는 인간(자연인)에 대해서는 율법이 폭군처럼 임한다는 것이며, 인간 스스로의 힘으로는 여기서 해방될 수 없다는 것입니다. 구원이란 율법이 폭군처럼 임하는 상태에서 벗어나는 것을 말합니다.

하나님은 원래 인간을 '오직 하나님의 은혜로' 죄에서 구원해 내셨습니다. 그래서 하나님은 이스라엘 백성에게 십계명(율법)을 주시기 전에 먼저 은혜의 복음을 선포하셨습니다.

"나는 너를 애굽 땅, 종 되었던 집에서 [은혜로] 인도하여 낸 네 하나님 여호와니라"(출 20:2).

그러므로 율법은 원래 하나님이 사람들을 구원하기 위해서 주신 것이 아니라 사람들로 하여금 그들의 죄를 깨닫게 함으로써 하나님의 은혜를 은혜 되게 하기 위해서 주신 것입니다. 만일 율법이 없었더라면 사람들은 여전히 죄가 죄인지도 모르고 어두움 가운데 머물러 있었을 것입니다.

"율법이 들어온 것은 범죄를 더하게 하려 함이라 그러나 죄가 더한 곳에 은혜가 더욱 넘쳤나니"(롬 5:20).

"그런즉 율법은 무엇이냐 범법하므로 더하여진 것이라"(갈 3:19).

원래는 하나님이 하나님의 백성의 의로움과 거룩함(완전함)을 나타내시기 위해 주신 율법이 그들의 범죄로 말미암아 도리어 그들의 범법함(범죄함)을 나타내는 '영혼의 거울'이 되었습니다. 또한 본의 아니게 율법은 사람을 정죄하고 판단하는 '폭군'이 되고 말았습니다.

그러나 하나님은 범죄한 이스라엘 백성에게 율법적으로 '완전한 의'가 아니라 하나님의 율법에 대한 '최선의 순종'을 요구하셨습니다. 하나님은 그들이 마음과 뜻과 성품을 다해 하나님의 말씀(율법)에 순종하며 살아가기를 원하셨습니다(신 28-30장). 그러나 교만한 이스라엘 백성은 "여호와께서 말씀하신 모든 것을 우리가 준행하리이다"(출 24:3)라고 말했습니다. 즉 자기 의를 내세운 것입니다. 그러므로 하나님은 무서운 심판자로 시내산 불꽃 가운데 두려움으로 친히 강림하셨습니다.

율법은 원래 구원받은 하나님의 백성이 하나님 나라의 백성으로서 살아갈 수 있는 '삶의 규범'으로 하나님이 주신 것이지, '구원의 조건'으로 주신 것이 아닙니다. 또한 죄를 깨달음으로 말미암아 예수 그리스도의 은혜의 자리(구원의 자리)에 나오도록 하시기 위해 주신 것입니다. 이런 의미에서 율법은 '예비 복음'(The preparatory Gospel)이라고 할 수 있습니다. 죄를 드러내어 깨닫게 함으로써 은혜와 구원의 필요성을 느끼게 해주기 때문입니다.

종교개혁가 마르틴 루터(Martin Luther)는 "오직 죄인만이 의인이 될 수 있다"라고 말했습니다. 자신이 죄인임을 알 때만 하나님의 은혜로 구원을 받아 의인이 될 수 있다는 뜻입니다.

이와 같이 하나님은 범죄한 인간으로 하여금 죄를 죄 되게 함으로써 은혜를 은혜 되게 하고, 복음의 가치와 필요성을 깨닫게 하시기 위해 율법을 주셨습니다. 존 스토트는 "율법이 칭의의 근거로서는 더 이상 우리를 속박하지 못한다. 우리가 법 아래 있지 않고 은혜 아래 있기 때문이다. 그러나 율법이 '행위의 표준'으로서는 우리에게 여전히 구속력을 가진다"라고 말했습니다.

5장

우리는 언제, 어떻게 율법에 대해 죽었는가?

그리스도와 함께 십자가에서

사도 바울은 하나님이 "우리를 거스르고 불리하게 하는 법조문으로 쓴 증서[율법]를 지우시고 제하여 버리사 십자가에 못 박으시고"(골 2:14), "법조문으로 된 계명의 율법을 폐하셨으니"(엡 2:15)라고 말했습니다.

이것은 곧 예수 그리스도의 죽으심으로 말미암아 율법의 형벌에 대한 우리의 상쇄 관계가 이미 다 끝났음을 의미합니다. 그 이유는 우리가 그리스도와 함께 십자가에서 이미 죽었기 때문입니다. 또한 예수님이 마지막 아담으로서(고전 15:47) 아담의 범죄로 인한 모든 죄의 대가를 십자가에서 지불하셨고, 무덤에서 장사 지내심으로 말미암아 율법으로 인한 저주를 친히 다 담당하셨기 때문입니다.

"그리스도께서 우리를 위하여 저주를 받은 바 되사 율법의 저주에서 우리를 속량하셨으니 기록된 바 나무에 달린 자마다 저주 아래에 있는 자라 하였음이라"(갈 3:13).

그러므로 우리는 율법으로 '말미암아' 율법에 '대하여' 이미 죽었습니다(갈 2:19). 이는 하나님에 대하여 살기 위해서입니다.

우리는 원하든 원하지 않든, 인정하든 인정하지 않든 상관없이 이미 혈통적, 섭리적으로 타락한 아담 안에 있는 자들입니다. 아담은 오실 자의 모형인 동시에 처음 '인류의 대표'(The Representative)이기 때문입니다(롬 5:12-21). 우리는 아담으로 말미암아 '아담 안에서' 죄와 사망, 그리고 율법의 저주 아래 있는 자들입니다. 동시에 우리는 예수 그리스도를 믿을 때 이미 영원히 '그리스도 안에' 있는 자들이 됩니다. 즉 그리스도와 함께 죄와 율법에 대하여 죽었으며, 하나님을 향하여 영원히 다시 산 자가 되었습니다(롬 6:1-11).

"한 사람의 범죄로 말미암아 사망이 그 한 사람을 통하여 왕 노릇 하였은즉 더욱 은혜와 의의 선물을 넘치게 받는 자들은 한 분 예수 그리스도를 통하여 생명 안에서 왕 노릇 하리로다 그런즉 한 범죄로 많은 사람이 정죄에 이른 것같이 한 의로운 행위로 말미암아 많은 사람이 의롭다 하심을 받아 생명에 이르렀느니라"(롬 5:17-18).

"만일 우리가 [믿음으로] 그의 죽으심과 같은 모양으로 연합한 자가 되었으면 또한 그의 부활과 같은 모양으로 연합한 자도 되리라"(롬 6:5).

나와 아담이 한 혈통 안에서 하나이듯이, 나와 그리스도는 한 혈통, 한 성령 안에서 하나입니다. 이것을 일컬어 우리는 '대표의 원리' (The principle of the representation)라고 말합니다. 이것은 우리로 하여금 '죄'에 대한 연대 책임과 '은혜'에 의한 연대 구원을 가능하게 하는 근거가 됩니다.

6장

율법이 먼저인가, 은혜가 먼저인가?
원칙과 실제

사도 요한은 요한복음 1장 17절에서 "율법은 모세로 말미암아 주어진 것이요 은혜와 진리는 예수 그리스도로 말미암아 온 것이라"라고 말했습니다. 이것은 시간상의 순서에 관해 말한 것이지 신앙생활의 합리적인 논리상 말한 것은 아니라고 봅니다. 원칙과 실제는 서로 다를 때가 있습니다.

원칙상 율법이 은혜보다 먼저입니다. 왜냐하면 하나님이 인간을 창조하시고 인간의 표준자로서 계명을 주셨으며, 율법이 없으면 죄를 죄로 여기지 못하므로 하나님의 은혜를 은혜로 깨달을 수가 없기 때문입니다.

그러나 실질상으로는 율법보다 은혜가 먼저입니다. 하나님은 이스라엘 백성에게 십계명을 선포하시기 전에 먼저 "나는 너를 애굽 땅, 종 되었던 집에서 [어린양의 피의 은혜로] 인도하여 낸 네 하나님 여호와니라"(출 20:2)라고 말씀하셨습니다. 은혜의 복음을 먼저 선포하신 후에 시내산에서 모세를 통해 율법을 주셨습니다.

오늘날 우리에게도 마찬가지입니다. 하나님은 먼저 은혜로 우리를 구원해 내시고, 율법의 말씀으로 죄를 깨닫게 하심으로 은혜를 더해 가십니다. M. R. 디한(M. R. De Haan) 박사는 그의 저서 『율법이냐 은혜냐』에서 율법과 은혜의 복음을 다음과 같이 서로 대조시켜 말했습니다.[10]

- 율법은 우리가 하나님께 나아오는 것을 금하고 있는 데 반하여, 은혜는 우리를 현재의 상태 그대로 나아오라고 초대하고 있습니다.

- 율법은 우리에게 끊임없이 의무를 '요구'하는 데 반해서, 은혜는 끊임없이 '사랑'을 베풉니다.

- 율법은 '모세'로 말미암아 주어진 것이나, 은혜와 진리는 '예수 그리스도'로 말미암아 온 것입니다.

- 율법은 죄인을 정죄하고 죽이나, 은혜는 죄인을 구원하고 살립니다.

- 율법은 죄인을 속박하나, 은혜는 죄인을 자유하게 합니다.

- 율법은 가장 선한 사람도 정죄하나, 은혜는 가장 악한 사람도 구원합니다.

- 율법은 '아직 스스로 노력해야 한다'고 말하나, 은혜는 '이미 다 이루었다'고 말합니다.

- 율법적인 사람은 '섬김 받기'를 좋아하나, 복음적인 사람은 '섬기는 것'을 더 좋아합니다.

- 율법적인 사람은 남의 단점을 보고 정죄하기를 좋아하며, 소극적·부정적이지만, 복음적인 성도는 그 사람의 장점을 보고 격려하고 끝까지 세우고자 하며 적극적·긍정적입니다.

- 율법은 죄의 삯은 사망이라고 말하지만, '은혜'는 '하나님의 은사'는 영생이라고 합니다.

- 율법은 '두려움'을 일으키나, 은혜는 '화평'과 '확신'을 가져다줍니다.

- 율법은 복종을 요구하나, 은혜는 순종하는 능력을 줍니다.

또한 마틴 루터는 『말틴 루터-은총으로 의롭게 됨』이라는 책에서 이렇게 달했습니다.

"율법은 '명령과 조건의 통화'로서 계약의 언어이므로 '만일 ……하면 ……한다'는 구조로 인간의 행위에 따라 결정되는 미래를 제시하는 반면에, 복음은 '약속의 통화'로서 하나님에 의한 성약이요, 유언의 언어이므로 '……때문에 그래서'라는 구조로 하나님께서 '내가 너를 사랑하기 때문에 나를 너에게 바칠 것이다'라고 말한다."[11]

"[그러므로] 이제는 우리가 얽매였던 것에 대하여 죽었으므로 율법에서 벗어났으니 이러므로 우리가 영의 새로운 것으로 섬길 것이요 율법 조문의 묵은 것으로 아니할지니라"(롬 7:6).

"율법 조문은 죽이는 것이요 영은 살리는 것이니라"(고후 3:6).

7장

하나님은 왜 때가 차기까지 기다리게 하시는가?

인간의 한계

하나님은 왜 역사적, 개인적으로 오랜 기간 수많은 사람을 여러 세대에 걸쳐서 영적인 무지와 미신으로 말미암은 고통과 갈등 속에서 시달림을 받으며 기다리게 하실까요? 구약 시대의 이스라엘 백성과 그리스도께서 오시기 전 영적인 어두움 속에서 살다 간 이방 나라 사람들은 오랫동안 소위 초등 학문(율법의 체제) 아래서 영적으로 심한 종살이를 해야 했습니다.

17세기 종교개혁가 마르틴 루터는 사제로 있으면서 오랜 기간 율법의 정죄로 말미암아 심한 갈등과 고통을 겪어야만 했습니다. '하나님의 때가 차기까지' 하나님은 왜 그리스도를 이 땅에 보내지 않으셨으며, 죄악으로 어두운 이 세상에 그분의 은혜의 빛, 구원의 빛을 비추지 않으셨을까요? 심지어 어떤 사람은 "하나님은 너무 불공평하십니다"라고 말하기까지 했습니다.

사실 하나님은 인간이 범죄해 타락하자마자 그를 사랑하셔서 '원시 복음'을 주셨습니다.

> "내가 너로 여자와 원수가 되게 하고 네 후손도 여자의 후손과 원수가 되게 하리니 여자의 후손은 네 머리를 상하게 할 것이요 너는 그의 발꿈치를 상하게 할 것이니라"(창 3:15).

그러나 타락한 인간은 영안이 어둡고 영의 귀가 멀어서 이 말씀을 제대로 깨닫지 못했습니다. 죄로 인해 타락한 인간은 율법적인 자기 노력을 그치기까지는 은혜의 복음으로 돌아오지 않습니다. 즉 율법적인 헛된 자기 수고를 다할 때까지는 구주이신 그리스도께로 돌아오지 않습니다. 그래서 예수님도 "수고하고 무거운 짐 진 자들아 다 내게로 오라 내가 너희를 쉬게 하리라"(마 11:28)라고 말씀하셨습니다.

하나님은 범죄해 타락한 인간이 자기 율법적인 자기 시행착오를 통해 하나님의 은혜와 복음으로 인한 자유가 얼마나 귀한 것임을 깨닫도록 하시기 위하여 오랜 기간 역사적, 개인적으로 엄한 율법의 종살이를 하게 하십니다. 이것은 마치 억만장자의 아들이 '아버지의 정한 때'가 될 때까지 후견인과 청지기 아래에서 엄한 훈련을 받게 하는 것과 같습니다."[12]

영적인 무지로 인한 미신으로 말미암아 인간에게는 율법에 의한 자기 노력을 다 마치기까지 충분한 깨달음의 기간, 즉 하나님의 기간이 필요합니다. 이것이 바로 하나님 없는 이방 나라의 영적인 암흑 시기요, 개개인의 영적인 갈등과 방황의 시기입니다. 예컨대 이스라엘에 절대적 진리가 없이 각기 자기 마음에 옳은 대로 행하며 살았던 사사 시대와 같은 영적인 암흑 시대와 예수 그리스도를 통한 구원의 빛이 임하기 전 영적인 혼란기인 신구약 중간 시대와도 같습니다.

율법의 체제 밑에서 오랜 기간 율법의 종살이를 해본 사람과 그런 경험이 전혀 없이 하나님을 알지 못하다가 아무 고통과 갈등 없이 복음을 들은 사람은 천양지차(天壤之差)입니다. 실제로 옛 이스라엘 사회에는 부모가 자녀에게 기업이나 재산을 유산으로 물려주기 전에 종들 가운데 가장 오랫동안 숙달된 자, 소위 '몽학 선생'(초등 교사)으로 하여금 자녀를 일정 기간 매우 호되게 훈련시키게 하는 관습이 있었다고 합니다. 율법적인 자기 노력으로 인한 고통과 갈등이 심한 만큼 복음의 자유와 칭의의 기쁨은 훨씬 큽니다.

"믿음이 오기 전에 우리는 율법 아래에 매인 바 되고 계시될 믿음의 때까지 갇혔느니라"(갈 3:23).

율법적인 삶은 자기의 힘으로 하나님의 말씀을 지키려고 하는 것이요, 복음은 성령의 힘으로 하나님의 율법을 지키는 것입니다. 율법은 '인간의 한계'를 보여 줍니다.

"그러므로 율법의 행위로 그의 앞에 의롭다 하심을 얻을 육체가 없나니 율법으로는 죄를 깨달음이니라"(롬 3:20).

8장

복음 안에서의 자유란 무엇인가?
죄에서의 해방

그리스도 예수 안에 있는 자에게는 결코 다시 정죄함이 없습니다. 그 이유는 그리스도 예수 안에 계신 살아 있는 성령의 능력이 죄와 사망의 권세로부터 우리를 해방(자유하게)했기 때문입니다(롬 8:1-2). 우리 안에 계신 이가 세상에 있는 자보다 크실 뿐 아니라(요일 4:4) 성령의 능력이 죄와 사망의 세력보다 더욱 강하기 때문입니다.

"율법이 육신으로 말미암아 연약하여 할 수 없는 그것을 하나님은 하시나니 곧 죄로 말미암아 자기 아들을 죄 있는 육신의 모양으로 보내어 육신에 죄를 정하사 육신을 따르지 않고 그 영을 따라 행하는 우리에게 율법의 요구가 이루어지게 하려 하심이니라"(롬 8:3-4).

우리는 원래 근본적으로 '죄의 종(노예)'이었습니다. 우리의 마음으로 하나님의 뜻을 따라 선하게 살고 싶어도 육신이 약해 불가피하게 죄를 짓고 넘어지고 맙니다.

그래서 하나님은 "죄로 말미암아 자기 아들을 죄 있는 육신의 모양으로 보내어 육신에 죄를 정하사"(원문을 직역하면, "육신 안에 있는 죄를 단죄하시고") 불가불 죄를 지을 수밖에 없는 우리 '육의 몸'(옛사람의 자아)이 다시는 우리를 주장하거나 다스리지 못하도록, 즉 맥을 추지 못하도록 우리 '육의 몸'을 십자가에서 단번에 결정적으로 '파멸'(붕괴)시켜 버리셨습니다(롬 6:10). 그러신 후 육신을 따르지 않고 영을 따라 행하는 우리에게 율법의 요구가 이루어지게 하셨습니다.

그러므로 우리가 예수 그리스도의 복음을 믿을 때, 즉 그리스도의 죽으심과 부활을 믿을 때 우리는 죄로부터 실제로 해방(자유하게)될 수 있습니다. 매일, 매 순간 육신의 소욕을 따르지 않고 성령을 좇아 행할 때 육신의 일을 이루지 않게 됩니다.

"내가 이르노니 너희는 성령을 따라 행하라 그리하면 육체의 욕심을 이루지 아니하리라 육체의 소욕은 성령을 거스르고 성령은 육체를 거스르나니 이 둘이 서로 대적함으로 너희가 원하는 것을 하지 못하게 하려 함이니라"(갈 5:16-17).

곽선희 목사님은 『요한복음 강해(상)-은혜와 진리의 대화』에서(요 8:1-12, 31-41) 이 세상에는 세 종류의 자유인이 있다고 했습니다. 첫째는 자유를 버린 자유인(안식일에 간음한 여인)이고, 둘째는 자유를 속박하는 자유인(바리새인들과 서기관들)입니다. 그리고 셋째는 자유하게 하는 자유인(예수님)입니다.

안식일에 간음하다 끌려온 여인처럼, 지금도 육신의 정욕을 따라 살아가는 사람들은 모두 다 참 자유를 버린 자유인으로서 불행한 자들입니다. 또한 자신이 동일한 죄를 짓고 있는 죄인인 줄 모르고 남을 정죄하기에 급급한 자들은 자기 자신의 자유로 다른 사람의 자유를 속박하고 제한하는 교만한 자들이요, 무지한 자들입니다. 그러나 예수님은 안식일에 간음하다가 현장에서 끌려온 여인을 자유하게 한 자유인이십니다.

바리새인들과 서기관들이 모세의 율법을 들어 여인에게 정죄의 돌을 던지려 할 때 예수님은 몸을 굽히시고 손가락으로 땅에 글을 쓰셨습니다. 사람들이 궁금해하자 자리에서 일어나신 예수님은 "너희 중에 죄 없는 자가 먼저 돌로 치라"(요 8:7)라고 말씀하셨고, 다시 몸을 굽혀 손가락으로 땅에 글을 쓰시며 침묵을 지키셨습니다. 그러자 여인을 정죄하던 자들이 예수님의 말씀을 듣고 양심에 가책을 느껴 어른으로 시작해 젊은이까지 하나씩 하나씩 나가고 오직 예수님과 그 가운데 섰던 여인만 남았습니다.

그때 예수님은 일어나셔서 여인 외에 아무도 없는 것을 보시고는 "여자여 너를 고발하던 그들이 어디 있느냐 너를 정죄한 자가 없느냐"(요 8:10)라고 물으셨습니다. 여인이 "주여 없나이다"라고 답하자 예수님은 "나도 너를 정죄하지 아니하노니 가서 다시는 죄를 범하지 말라"(요 8:11)라고 말씀하셨습니다.

우리는 여기서 '모세의 율법'과 '예수 그리스도의 복음'의 차이점을 발견하게 됩니다.

1. 율법은 "간음한 여인을 왜 벌하지 않느냐?"라고 말하지만, 은혜의 복음은 "여인이 왜 그러한 죄를 짓지 않으면 안 되었느냐?"라고 묻습니다. 복음은 남을 정죄하기 전에 먼저 죄인을 근본적으로 이해하고, 동정하며, 사랑합니다. 그리고 마침내 구원하며 자유하게 합니다.

2. 율법은 인정사정없이 '정죄의 돌'을 던지려 하지만, 복음은 조용히 침묵 가운데서 인내하고 기다리면서 죄인을 향해 '은혜의 빛'을 비추어 줍니다. 예수님은 침묵 가운데 그곳에 서 있던 모든 사람에게 강렬한 은혜의 빛을 비추셨습니다. 그래서 바리새인들과 서기관들에게는 죄를 깨닫고 스스로 정죄의 돌을 버리게 하셨으며, 간음한 여인에게는 죄를 버릴 수 있는 용기와 힘을 주셨습니다.

이와 같이 예수님(복음)은 지금도 침묵하시는 가운데 사랑으로 인내하시고 참고 기다리시면서 가장 강렬한 은혜의 빛으로 죄인을 구원하고 변화시키는 가장 큰 일을 행하십니다(고전 13:4, 7).

"나는 세상의 빛이니 나를 따르는 자는 어둠에 다니지 아니하고 생명의 빛을 얻으리라"(요 8:12).

"진리를 알지니 진리가 너희를 자유롭게 하리라"(요 8:32).

존 칼빈(John Calvin)은 "병든 새에게는 날개가 짐이 되지만 살아 있는 새에게는 날개가 오히려 자유를 준다"라고 말했습니다.

우리가 참으로 복음을 믿을 때 실제로 누리게 되는 자유는 다음과 같습니다. 첫째, 죄와 허물로부터의 자유(롬 5장), 둘째, 죄의 능력으로부터의 자유(롬 6장). 셋째, 법의 폭정으로부터의 자유(롬 7장), 넷째, 정죄와 죽음 그 자체로부터의 자유(롬 8장), 다섯째, 모든 결핍으로부터의 자유(고후 8:9) 등입니다.

9장

복음을 믿는데도 왜 우리의 삶에 기쁨과 생동감이 없는가?

살아 있는 지속적인 복음

우리가 예수님(복음)을 믿는데도 불구하고 우리의 신앙생활이 이따금씩 지루하게 느껴지고 생동감이 없는 영적인 권태기(침체기)가 찾아오는 이유는 무엇일까요?

그것은 우리가 복음을 우리의 일생 동안 매일, 매 순간 늘 새롭게 체험해야 하는 '지속적인 복음'으로 보지 않고, 우리가 처음 예수님을 믿을 때 한 번 체험하는 '단회적인 통과물'로 보기 때문입니다.

우리가 잘 아는 대로, 복음은 불학무식의 노인이나 어린아이라도 능히 이해할 수 있을 만큼 단순하지만, 한편 아무리 신앙이 깊은 사람이라 할지라도 그 너비와 길이와 높이와 깊이를 다 이해할 수 없을 만큼 무한합니다. 즉 복음의 한계는 인간의 모든 교만과 어리석음과 무지를 다 포용하고도 남음이 있을 만큼 끝이 없습니다. 그러므로 진정으로 복음을 이해한 성도는 하나님의 '은혜의 대양'의 한계를 모르기 때문에 불가불 겸손할 수밖에 없습니다.

복음의 은혜는 우리가 처음 예수님을 믿을 때 눈물, 콧물 다 흘리면서 회개할 때만 있는 '일회용품'이 아니라, 우리의 일생 동안 우리의 삶을 통해 매일, 매 순간 그 너비와 길이와 높이와 깊이가 새롭게 체험되어야 하는 '지속적으로 살아 있는 복음'인 동시에, 모든 그리스도인이 하나님 나라에 이르는 그날까지 한순간도 잊지 않고 간직해야 하는 '영속적인 천국의 보화'입니다(마 13:44).

우리는 "하나님이 세상을 이처럼 사랑하사 독생자를 주셨으니 이는 그를 믿는 자마다 멸망하지 않고 영생을 얻게 하려 하심이라"라는 요한복음 3장 16절 말씀에서 '이처럼'에 해당하는 너비와 길이와 높이와 깊이를 다 이해하지 못한 채 천국에 갑니다. 그러나 날마다의 생활 속에서 지금도 살아 계신 예수님(살아 있는 복음)을 늘 새롭게 체험하고 만나는 성도의 삶에는 새로운 기쁨과 생동감이 넘칩니다. 그리스도인의 권태기는 엠마오로 내려가던 두 제자들처럼 부활의 주님을 잊어버리는 '예수 망각증(건망증)'에서 오는 것입니다.

'이처럼'의 너비와 길이와 높이와 깊이에 대한 예화를 소개하고자 합니다. 제임스 몽고메리 보이스(James Montgomery Boice) 목사님이 어느 성탄절에 길을 가다가 기독교 서점 쇼윈도에서 카드 하나를 발견하고는 그의 요한복음 강해에 소개한 내용입니다. 카드에는 무명의 성도가 요한복음 3장 16절 말씀을 묵상한 내용이 적혀 있었습니다.

"하나님이(가장 위대한 사랑을 하시는 분) 세상을(가장 위대한 친구) 이처럼 사랑하사(가장 크게 사랑하심) 독생자를(가장 큰 선물) 주셨으니(가장 위대한 행위) 이는(최대의 이유) 그를(가장 위대한 매력을 가지신 분) 믿는(가장 위대한 단순성) 자마다(가장 위대한 기회) 멸망하지 않고(최대의 약속) [그러나](최대의 차이) 영생을(최대의 소유) 얻게 하려 하심이라(최대의 확실성)."[14]

무명의 성도가 묵상 중에 깨달은 은혜를 괄호 안에 기록한 내용은 참으로 그야말로 '최고'(The Greatest)입니다.

10장

율법과 복음에 의한 삶의 동기는 어떤 차이가 있는가?

두려움과 사랑

 같은 하나님을 섬기면서 어떤 성도는 율법에 대한 두려움과 의무감 때문에 하나님을 섬기고, 또 어떤 성도는 예수 그리스도의 은혜와 그분의 희생적인 사랑 때문에 자원해서 하나님을 섬깁니다. 전자는 "내가 하나님을 위해 무엇을 해야 한다"라고 말하는 반면에, 후자는 "주님의 은혜와 사랑 때문에 주님을 위해 무엇이든지 하고 싶다"라고 말합니다.
 우리가 잘 아는 대로, 정상적인 그리스도인의 삶에는 두 가지가 꼭 있어야 합니다. 하나는 하나님께 대한 '거룩한 두려움'이요, 또 하나는 하나님으로 인한 '영적인 즐거움'입니다. 그래서 다윗은 시편 2편 11절에서 "여호와를 경외함으로 섬기고 떨며 즐거워할지어다"라고 말했습니다. 하나님을 두려워하며 떨지만, 그것은 하나님의 형벌에 대한 두려움 때문이 아닙니다. 당신의 독생자를 십자가에 내어 주실 만큼 우리를 사랑하신 하나님의 지극한 사랑 때문에 하나님을 두려워하는 거룩하고 아름다운 두려움으로서, 무서워하는 '종의 영'(사탄)에 의한 두려움과는 본질적으로 다릅니다.

'탕자의 비유'에 나오는 맏아들은 아버지에 대한 두려움과 의무감 때문에 아버지를 섬겼습니다. 하지만 둘째 아들은 아버지의 재산을 다 탕진하고 온 자신을 그래도 아들로 받아 준 아버지의 은혜와 사랑 때문에 감사하는 마음으로 자원해서 아버지를 섬겼습니다. 전자는 아직도 '율법 아래'에서 하나님을 섬기는 성도들의 표상인 반면에, 후자는 '복음의 은혜' 때문에 하나님을 섬기는 성도들을 나타냅니다. 즉 '그럼에도 불구하고 나를 사랑하시는 하나님의 사랑' 때문에 하나님을 섬기는 성도들을 말합니다.

바울 사도가 아직 사울이었을 때 그는 어디까지나 하나님의 율법으로 인한 두려움과 의무감에서 하나님을 섬겼습니다. 그것은 그가 디모데전서 1장 13절에서 고백한 대로, 주님을 알지 못할 때 오는 '영적인 무지' 때문이었습니다.

> "내가 전에는 비방자요 박해자요 폭행자였으나 도리어 긍휼을 입은 것은 내가 믿지 아니할 때에 알지 못하고 행하였음이라"(딤전 1:13).

그러나 주님을 만난 후 사도 바울은 주님의 사랑 때문에, 그 사랑이 그를 강권함으로 말미암아 자원하는 마음으로 하나님을 섬기면서 주님을 위해 자신의 전 생애를 전제와 같이 드렸습니다.

"그리스도의 사랑이 우리를 강권하시는도다 우리가 생각하건대 한 사람이 모든 사람을 대신하여 죽었은즉 모든 사람이 죽은 것이라 그가 모든 사람을 대신하여 죽으심은 살아 있는 자들로 하여금 다시는 그들 자신을 위하여 살지 않고 오직 그들을 대신하여 죽었다가 다시 살아나신 이를 위하여 살게 하려 함이라"(고후 5:14-15).

사도 바울은 그 누구의 명령이나 요구 때문이 아니라, 오직 자신을 위해 십자가에서 당신의 생명을 속죄의 제물로 내어 주신 예수 그리스도의 사랑 때문에 자신의 전부를 드려서 주님을 섬겼습니다. 그의 전 삶을 움직였던 것은 '오직 그리스도의 사랑'이었습니다.

이와 같이 복음을 믿는 성도는 오직 그리스도의 사랑 때문에 하나님을 섬기며, 주님을 위해 자신의 전부를 드려 헌신의 삶을 살아갑니다. 더 이상 형벌에 대한 두려움이나 율법에 대한 의무감 때문에 하나님을 섬기지 않습니다. 주님이 '나 대신', '나 때문에' 십자가에서 형벌을 대신 받으셨으며, 율법을 온전히 지키셨고, 율법을 이미 다 이루셨음을 믿기 때문입니다.

복음의 은혜를 깨달은 한 여인은 옥합을 깨뜨려 가장 값진 향유를 예수님께 부어 드렸습니다(마 26:7; 막 14:3; 눅 7:37). 그것도 감사하는 마음으로 자원해서 아낌없이 드렸습니다. 이와 같이 복음을 믿는 성도는 무엇보다도 그리스도의 사랑을 알기 때문에 주님을 위해 자신의 전부를 드려도 늘 감사하고 아쉬운 마음뿐입니다. <u>율법은 아직도 자신의 구원을 위해 무엇을 해야 한다고 말하나, 복음의 은혜는 그리스도의 사랑 때문에 무엇이든지 하고 싶게 합니다.</u>

복음을 믿는 사람은 리브가의 아들 이삭처럼 사랑에 의해 '자유하는 아들의 영'으로 하나님 아버지를 기쁨으로 섬깁니다. 이것은 자유하는 '아들의 신앙'입니다.

그에 반해 아직도 '율법 아래 있는 신앙'은 여종 하갈의 아들 이스마엘처럼 형벌에 대한 두려움에 무서워하는 '종의 영'으로 하나님을 섬깁니다(롬 8:15). 이것은 아직 두려워하는 '종의 신앙'입니다(갈 4:21-31).

또한 사랑은 하나님의 모든 율법을 완성하는 능력입니다.

"그리스도 예수 안에서는 할례나 무할례나 효력이 없으되 사랑으로써 역사하는 믿음뿐이니라"(갈 5:6).

"그러므로 사랑은 율법의 완성이니라"(롬 13:10).

율법에 의한 신앙은 매사에 '부정적'이고 '소극적'입니다. 그러나 복음의 은혜에 의한 신앙은 매사에 '긍정적'이고 '적극적'입니다. 전자는 형벌에 대한 두려움으로, 율법이 요구하기 때문에 하나님을 섬기지만, 후자는 주 예수 그리스도의 사랑에 의해 하나님을 섬기기 때문입니다.

질그릇처럼 연약한 그릇 속에 복음의 능력의 보배를 가졌던 바울은 이렇게 고백했습니다.

> "우리가 사방으로 우겨쌈을 당하여도 싸이지 아니하며 답답한 일을 당하여도 낙심하지 아니하며 박해를 받아도 버린 바 되지 아니하며 거꾸러뜨림을 당하여도 망하지 아니하고"(고후 4:3-9).

이처럼 바울은 자신을 사랑하사 자신을 위해 십자가에서 죽으셨다가 다시 살아나신 주님을 믿었기 때문에 어떠한 환란과 고난 속에서도 결코 쓰러지지 않는 오뚜기 같은 인생을 살 수 있었습니다. 음부의 권세를 이기고 다시 사신 주님을 믿었기 때문입니다. 그러므로 복음을 믿는 성도는 어떠한 환경에서도 비관하거나 낙심하지 않고, 언제나 사도 바울처럼 자기 자신보다 더 강하게 자라 갑니다. 낙심은 최대의 교만입니다.

복음의 능력보다 더 강한 것은 세상에 아무것도 없습니다. 나는 못해도 '하나님'은 하시며, 나는 못해도 '성령'은 하시고, 나는 못해도 '복음'은 반드시 모든 것을 이루고야 맙니다.

11장

율법적인 신자와 복음적인 신자의
생활 방식과 태도는 서로 어떻게 다른가?
새 술은 새 부대에

사람들이 세례 요한의 제자들과 바리새인들은 금식하고 있는데 왜 예수님의 제자들은 금식하지 않는지 예수님께 물었습니다. 그러자 예수님은 "혼인 집 손님들이 신랑과 함께 있을 때에 금식할 수 있느냐 신랑과 함께 있을 동안에는 금식할 수 없느니라 그러나 신랑을 빼앗길 날이 이르리니 그날에는 금식할 것이니라"(막 2:19-20)라고 답하셨습니다. 그리고 비유를 들어 말씀하셨습니다.

"생베 조각을 낡은 옷에 붙이는 자가 없나니 만일 그렇게 하면 기운 새 것이 낡은 그것을 당기어 해어짐이 더하게 되느니라 새 포도주를 낡은 가죽 부대에 넣는 자가 없나니 만일 그렇게 하면 새 포도주가 부대를 터뜨려 포도주와 부대를 버리게 되리라 오직 새 포도주는 새 부대에 넣느니라"(막 2:21-22).

여기서 '새 포도주'와 '새 부대'는 무엇을 가리키며, '낡은 옷'(낡은 부대)은 무엇을 의미합니까? '새 포도주'는 예수 그리스도로 말미암은 복음을 가리키며, '새 부대'는 복음적인 방법과 생활 방식(태도)을 뜻합니다. 그리고 '낡은 옷'(낡은 부대)은 율법적인 방법과 그 생활 방식(태도)을 의미합니다.

워렌 W. 위어스비(Warren W. Wiersbe)는 그의 『마가복음 강해-어떻게 주께 봉사하며 살 수 있는가?』에서 다음과 같이 말했습니다.

"모세의 율법은 쇠하고 낡아 가고 있었고, 이제 곧 사라질 단계에 있었습니다(히 8:13). 예수님은 당신의 피로써 새 언약을 세우셨습니다(눅 22:19-20). 이제 하나님의 율법(새 언약의 복음)은 돌판이 아니라 사람들의 마음 판에 새겨질 것입니다(히 10:15-18; 고후 3:3).
그리고 우리 안에 내주하시는 성령으로 말미암아 하나님의 사랑에 의해 '율법의 의'를 넉넉히 이루고도 남음이 있습니다(롬 8:1-4). 사랑은 율법을 완성하는 힘이 되기 때문입니다(롬 13:8, 10). 가나의 혼인 잔치에서 나중에 나온 더 갓있는 포도주는 예수 그리스도로 말미암은 '복음'을 비유한 것으로 볼 수 있습니다.
구원의 복음은 낡은 옛것(율법)에 새것(복음)을 꿰워 맞추는 것(혼합된 것)이 아니라 낡은 것(율법)이 새것(복음) 안에서 완성된 것입니다. 그러므로 복음은 완전한 의의 새 옷입니다.

비유컨대 도토리 열매 안에 있는 도토리나무와도 같습니다. 예수님은 낡은 것(율법)을 수선하러 오신 것이 아니라 그의 십자가와 부활을 통해 새것(복음)을 완성하시고 사람들에게 이것을 알리시기 위해 오셨습니다."[15]

율법은 점점 '사라지는 영광'이요, 새 언약의 복음은 영구히 사라지지 않는 '영원한 영광'입니다(고후 3:6). 예수 그리스도를 믿는 사람은 이전과는 전혀 다른 새로운 피조물입니다(고후 5:17). 항상 새로운 은혜와 새로운 영광을 체험할 수 있습니다.

그럼에도 불구하고 아직도 많은 사람이 죽은 종교적 전통이나 율법적인 사고나 생활 방식에 집착하고 익숙한 나머지 이미 그리스도를 통해 완성된 복음의 은혜를 놓쳐 버리는 것은 비극이 아닐 수 없습니다. 오직 새 포도주(복음)는 새 부대(복음적인 새로운 사고 방식과 생활 방식)에 넣어야 합니다. 복음은 삶의 동기(motive)만이 아니라, 생활 방식과 사고 방식도 사랑(love)에 의한 복음적인 방법(method)을 사용해야 합니다.

그러면 "새 포도주는 새 부대에 넣으라"라는 예수님의 말씀은 구체적으로 그리스도인의 삶에 있어서 무슨 일을 어떻게 하라는 의미입니까?

복음적인 신앙을 가진 성도, 즉 복음주의자는 율법에 의한 정죄와 심판과 형벌에 의해 사람을 죽이는 일이 아니라, 예수 그리스도의 은혜와 사랑에 의해 사람을 끝내 살리는 일을 합니다.

우리가 단기적인 안목으로 볼 때 정죄와 심판과 형벌에 의한 율법적인 방법이 보다 직접적이고 즉각적인 효과가 있는 것 같습니다. 그러나 그때뿐이고 다시 죄악된 옛 삶으로 돌아가 버리곤 합니다.

그에 반해 예수 그리스도의 사랑에 의한 복음적인 방법은 오래 참고 끝까지 견디면서 기다려야 합니다(고전 13:4-7). 비록 그 효력이 점진적으로 대우 느리게 나타나지만 재발 없이 완전합니다. '더 이상 참을 수 없다!'라고 생각되는 순간까지도 참으면서 상대방의 모든 죄와 허물을 덮어 주고, 가장 낮은 종의 자리에서 겸손히 기도로 섬기면서 끝까지 참고 견뎌 나갈 때 마침내 성령 하나님이 온전히 변화시켜 주십니다.

예수님은 베드로가 예수님을 잡으러 온 대제사장의 종 말고의 귀를 칼로 베었을 때 그 귀를 다시 붙여 주시면서 "이것까지 참으라"(눅 22:51)라고 말씀하셨습니다. 또한 최후의 만찬석상에서 베드로의 발을 씻어 주시면서 "내가 하는 것을 네가 지금은 알지 못하나 이후에는 알리라"(요 13:7)라고 말씀하셨습니다. 그리고 예수님은 인간의 모든 배신을 넘어 그분의 제자들을 변함없이 끝까지 사랑하심으로, 마침내 사랑으로 온전히 변화시키셨습니다(요 21장).

사도 바울은 옥중에서 낳은 빌레몬의 집의 종 오네시모의 모든 죄와 허물을 사랑으로 덮어 주었습니다. 그리고 그리스도께서 하신 것처럼 그를 이끌어 빌레몬과 서로 화목하게 했습니다.

세례 요한의 제자들과 바리새인들의 율법적인 신앙이 매우 엄하고, 사납고, 경직되어 있었던 데 반해 예수 그리스도의 복음의 은혜는 매우 부드럽고, 유연하고, 온유하고, 포용력과 융통성(신축성, flexibility)이 강합니다. 그래서 진리와 원칙에 있어서는 결코 양보하지 않지만, 그곳에 도달하는 과정에서 인간의 모든 죄와 허물의 시행착오를 얼마든지 수용하고 용납하는 아량을 가집니다. 이것이 복음이 가진 '융통성'입니다.

　분당우리교회 이찬수 목사님은 요한계시록 강해서인 『오늘을 견뎌라』에서 이렇게 말했습니다.

"새 포도주의 특징은 발효를 한다는 것이다. 이런 특징을 가진 새 포도주를 담을 새 가죽 부대의 특징은 '신축성'이다. 반대로 낡은 가죽 부대의 특징은 '경직성'이다. 예수님은 그들의 전통에 갇혀서 경직되어 버린 바리새인들을 향해 '내 잣대를 가지고 남을 정죄하고 판단하지 말고, 새 포도주를 담을 수 있는 새 가죽 부대처럼 다른 사람들을 용서해 주고, 포용해 주고, 수용해 주는 영적인 신축성이 있어야 한다'라고 말씀하셨다."[16]

　우리가 밭에서 잡초를 없앨 수 있는 방법은 두 가지입니다. 하나는 제초제를 뿌려서 잡초를 뿌리째 죽게 하는 것이요, 또 하나는 거름을 주어 곡식이나 과수나무를 잡초보다 더 강하고 무성하게 자라나게 하는 것입니다. 전자는 율법적인 방법이요, 후자는 복음적인 방법입니다.

우리는 구원받은 자신에게 죄악된 욕망이 일어날 때 인간의 의지로 억지로 누르려고 하지 말고(율법적인 방법으로 억제하려 하지 말고), 죄와 욕망의 지배 아래 있는 나 자신의 한계(무능)를 솔직히 인정해야 합니다. 그리고 오직 적극적으로 성령을 따라야 합니다. 그때 자기 자신이 바라는 육체의 욕심을 이루지 않고 성령의 열매를 맺게 됩니다(갈 5:22-23). 이것이 곧 복음적인 방법입니다.

"내가 이르노니 너희는 성령을 따라 행하라 그리하면 육체의 욕심을 이루지 아니하리라 육체의 소욕은 성령을 거스르고 성령은 육체를 거스르나니 이 둘이 서로 대적함으로 너희가 원하는 것을 하지 못하게 하려 함이니라"(갈 5:16-17).

그러나 기독교의 신앙(복음)은 근본적인 성격상 타 종교에 대해 '배타적'입니다. 다시 말해서 다른 어떤 종교나 신앙이 기독교와 동등하거나 우월한 것을 인정하지 않습니다.

"내 사랑하는 자는 희고도 붉어 많은 사람 가운데에 뛰어나구나"(아 5:10).

"그리스도와 벨리알이 어찌 조화되며……하나님의 성전과 우상이 어찌 일치가 되리요"(고후 6:15-16).

12장

우리는 어떻게 율법의 굴레에서 벗어나 참 복음을 믿는 신앙으로 변화될 수 있는가?
성령의 계시로

복음의 은혜를 깨닫기 전에 우리의 마음 상태는 마치 천지창조 이전처럼 죄로 인해 심히 혼란하고 깊은 영적인 어두움에 처해 있었습니다(창 1:2). 또한 이 세상 신(사탄)의 방해(영광의 복음의 광채가 비치지 못하게 함)로 말미암아 아직도 많은 사람이 복음을 깨닫지 못하고 있습니다. 사탄은 사람들을 영적인 무지와 미신에 빠져 있게 합니다(고후 4:4). 그런데 태초에 어두운 데에 "빛이 있으라"라고 말씀하신 하나님이 예수 그리스도의 얼굴에 있는 하나님의 영광을 아는 빛을 우리 마음에 비추심으로 말미암아 우리는 비로소 복음을 깨닫게 됩니다(고후 4:6).

그러므로 성령이 복음을 계시해 주시기 전까지는 철저히 율법의 멍에(율법의 초등 교사) 아래 알 수 없는 답답한 의문의 수건을 쓰고서 율법 아래 갇혀 종살이하면서 살아야 했습니다(고후 3:14). 그러다가 어느 날 성령의 '주권적인 계시'에 의해 예수 그리스도의 복음의 은혜를 깨달은 후 우리의 마음에서 의문의 수건이 한순간에 벗겨집니다. 그때 우리는 복음의 진리 안에서 참으로 영적인 자유를 누리게 됩니다.

"믿음이 오기 전에 우리는 율법 아래에 매인 바 되고 계시될 믿음의 때까지 갇혔느니라"(갈 3:23).

"그러나 그들의 마음이 완고하여 오늘까지도 구약을 읽을 때에 그 수건이 벗겨지지 아니하고 있으니 그 수건은 그리스도 안에서 없어질 것이라 오늘까지 모세의 글을 읽을 때에 수건이 그 마음을 덮었도다 그러나 언제든지 주께로 돌아가면 그 수건이 벗겨지리라 주는 영이시니 주의 영이 계신 곳에는 자유가 있느니라"(고후 3:14-17).

복음의 은혜는 인간 자신의 노력이나 수양, 지식이나 이론으로 깨달아지는 것이 아닙니다. 오히려 반대로 인간의 헛된 자기 수고를 그쳤을 때 비로소 성령의 주권적 계시에 의해서만 깨달아집니다.

"이미 그의 안식에 들어간 자는 하나님이 자기의 일을 쉬심과 같이 그도 자기의 일을 쉬느니라"(히 4:10).

"수고하고 무거운 짐 진 자들아 다 내게로 오라 내가 너희를 쉬게 하리라"(마 11:28).

그렇다면 복음의 은혜를 깨닫기 위해 우리는 어떻게 해야 하며, 무엇을 해야 합니까?

율법적인 헛된 자기 수고를 그쳐야 합니다. 우리가 잘 아는 대로, 종교개혁가 마르틴 루터는 복음을 깨닫기 전에 자기 의를 이루기 위해 얼마나 많은 율법적인 자기 노력을 하며 몸부림쳤는지 모릅니다. 그러던 어느 날 성령이 그에게 예수 그리스도에 대한 믿음을 계시해 주셨습니다. 그것은 바로 "오직 의인은 믿음으로 말미암아 살리라"(롬 1:17)라는 말씀이었습니다.

복음의 은혜를 깨닫기 전에 루터는 오랜 기간 율법의 정죄로 인해 심한 고통과 갈등을 겪으면서 율법적인 헛된 자기 수고를 계속해야만 했습니다. 헛된 자기 수고를 끝내고 주께로 돌아갈 때 비로소 우리는 복음의 은혜를 깨닫게 됩니다.

그러나 이렇게 되기까지 필요한 일이 있습니다. 사도 바울처럼 주님을 먼저 믿은 자들이 아직 복음의 은혜를 깨닫지 못하고 영적인 어두움 가운데 있는 자들을 위해 지속적으로 성령의 기름 부음을 받는 기도를 드려야 한다는 것입니다. 바울은 이렇게 기도했습니다.

"우리 주 예수 그리스도의 하나님, 영광의 아버지께서 지혜와 계시의 영을 너희에게 주사 하나님을 알게 하시고 너희 마음의 눈을 밝히사 그의 부르심의 소망이 무엇이며 성도 안에서 그 기업의 영광의 풍성함이 무엇이며 그의 힘의 위력으로 역사하심을 따라 믿는 우리에게 베푸신 능력의 지극히 크심이 어떠한 것을 너희로 알게 하시기를 구하노라"(엡 1:17-19).

"이러므로 내가 하늘과 땅에 있는 각 족속에게 이름을 주신 아버지 앞에 무릎을 꿇고 비노니 그의 영광의 풍성함을 따라 그의 성령으로 말미암아 너희 속사람을 능력으로 강건하게 하시오며 믿음으로 말미암아 그리스도께서 너희 마음에 계시게 하시옵고 너희가 사랑 가운데서 뿌리가 박히고 터가 굳어져서 능히 모든 성도와 함께 지식에 넘치는 그리스도의 사랑을 알고 그 너비와 길이와 높이와 깊이가 어떠함을 깨달아 하나님의 모든 충만하신 것으로 너희에게 충만하게 하시기를 구하노라"(엡 3:14-19).

"이로써 우리도 듣던 날부터 너희를 위하여 기도하기를 그치지 아니하고 구하노니 너희로 하여금 모든 신령한 지혜와 총명에 하나님의 뜻을 아는 것으로 채우게 하시고 주께 합당하게 행하여 범사에 기쁘시게 하고 모든 선한 일에 열매를 맺게 하시며 하나님을 아는 것에 자라게 하시고 그의 영광의 힘을 따라 모든 능력으로 능하게 하시며 기쁨으로 모든 견딤과 오래 참음에 이르게 하시고 우리로 하여금 빛 가운데서 성도의 기업의 부분을 얻기에 합당하게 하신 아버지께 감사하게 하시기를 원하노라"(골 1:9-12).

많은 그리스도인이 육신의 욕망에 의한 기도만을 함으로 기도를 많이 낭비하고 있습니다. 그러나 우리는 '육신의 필요'를 위해 기도할 뿐 아니라 아직도 복음을 깨닫지 못하고 있는 자들이 성령의 기름 부음을 받기 위한 '영의 기도'를 반드시 해야 합니다. 왜냐하면 우리는 인간의 헛된 자기 수고와 노력을 끝낸 후 분초로 따질 수 없는 순간에 '오직 성령의 계시에 의해' 복음을 깨닫고 명실상부한 '참 그리스도인'이 되기 때문입니다.

13장

복음을 믿는데도
왜 우리의 삶이 변화되지 않는가?
전체 복음

그리스도를 믿는데도 우리의 삶이 변화되지 않는 것은 참으로 이상합니다. 그러나 그것이 사실입니다. 그 이유가 무엇일까요?

우선, 그리스도를 인격 대 인격으로 만나 '전인격적으로' 영접하지 않았기 때문입니다. 영접 기도를 드려야 한다는 강요에 못 이겨 예수님을 영접하는 예가 너무나 많은 것을 봅니다.

개인에 따라 그리스도를 만나는 장소나 시간이 다릅니다. 하나님은 강압적이시지 않으며, 인격적이십니다. 결코 강요하시는 법이 없습니다. 사랑하는 자가 스스로 원하기 전에는 흔들지 않으시며, 깨우시지 않습니다(아 8:4). 자원해서 전인격을 다해 그리스도를 영접할 때까지 기다리시는 하나님이십니다.

우리가 그리스도를 어떻게 영접했느냐가 일생 동안 그리스도와 나의 관계를 결정한다 해도 과언이 아닙니다.

다음으로, 많은 그리스도인이 '그리스도의 멍에'를 메지 않고, 그리스도에 '관해서' 머리로만 배우기 때문입니다. 주님은 우리에게 "나의 멍에를 메고 내게 배우라"(마 11:29)라고 말씀하셨습니다. 이 말씀은 주님이 이 세상을 사셨던 삶의 원칙과 원리를 따라(그리스도의 멍에를 메고) 살면서 '주님 자신'을 배우라는 뜻입니다. 그러나 많은 그리스도인이 번거롭다는 핑계로 주님의 멍에를 내팽개쳐 버리고 그리스도에 '관해서' 배우는 데만 열심을 내기 때문에 그들의 삶이 변하지 않는 것입니다.

가장 큰 이유는 우리가 '삶'을 통해 복음을 받아들이지 않기 때문입니다. 데살로니가 성도들의 믿음에는 산 역사가 있었습니다. 즉 그들의 삶을 통한 믿음의 산 증거가 있었습니다(살전 1:3). 그러므로 그들의 믿음의 소문(명성)이 마케도니아와 아가야 지역만이 아니라 각처에 널리 퍼졌습니다.

그 이유는 복음이 데살로니가 성도들에게 말로만 이르지 않았기 때문입니다. 그들은 많은 환란 가운데서 '삶'을 통해 '성령의 기쁨'으로 복음을 받아들였던 것입니다.

"이는 우리 복음이 너희에게 말로만 이른 것이 아니라······많은 환난

가운데서 성령의 기쁨으로 말씀(복음)을 받아 우리와 주를 본받은 자가 되었으니"(살전 1:5-6).

예수님은 자신의 삶을 제자들에게 옮겨 심으시기 위해 그들과 동거하셨습니다. 복음은 어떤 이론이 아니라 삶이요, 생명이기 때문에 삶을 통해 가장 효과 있게 전파됩니다. 삶을 통해 받아들여지고 삶을 통해 실제로 전달되는 것이 바로 복음인 것입니다.

아프리카에서 사역하는 어느 순회 선교사님이 한 선교지에서 6개월이 지나면 약속이나 한 듯 반드시 그 선교지를 떠나서 이동하곤 했습니다. 너무나 이상해서 한번은 동료 선교사님이 물었습니다.

"선교사님은 왜 한 선교지에서 6개월만 있으면 약속이나 한 듯이 반드시 떠나는 것입니까?"

그러자 순회 선교사님이 이렇게 답했다고 합니다.

"제 삶을 통해 성령에 의해 예수님의 생명의 핵만 전하면 실제로 이미 선교가 된 것이기 때문에 더 이상 그곳에 머물 이유가 없습니다."

할렐루야교회 김승욱 목사님은 설교 중에 이렇게 말했습니다.

"한번은 미국 어떤 곳에서 세계 도처 오지에 흩어져 선교하던 선교사님들이 수백 명 모여서 한 주간 콘퍼런스를 했습니다. 선교사님들마다 자신들의 어려운 문제를 내놓으면 함께 다 듣고는 그것을 의해 함께 눈물로 기도하고 대책을 함께 의논하는데, 그 모습이 너무나 진지했다고 합니다. 함께 먹고, 함께 자고, 함께 기도하고, 함께 하나님을 찬양

했기 때문입니다.

그런데 그때 수련회 주제가 '복음을 믿는데도 왜 우리의 삶이 변화되지 않는가?' 하는 것이었다고 합니다. 약 3일 동안 함께 이 주제를 놓고 많이 눈물로 기도하면서 이론적인 모든 것을 제거하고 '실제적인 해답'을 얻기 위해 치열하게 토론했는데, 3일 동안 기도하고 토론한 끝에 내린 결론은 '처음 복음을 받을 때 삶을 통해 전체적인 복음(Total-Gospel)으로 받아들이지 않았기 때문'이라는 것이었습니다.

그들 오지 선교사님이 말씀하신 소위 '전체적인 복음'이란 '우리의 삶 전부를 다스리고, 삶 전체에 영향을 미치는 복음'이라고 생각합니다. 복음은 우리 삶의 '일부분'이 아니라 우리 삶의 '전부'입니다."

혹자는 초창기 복음이 한국에서는 왕성하게 꽃을 피웠는데 일본에서는 그렇지 못한 이유를 이렇게 설명합니다. 한국에서는 복음이 삶을 통해 가장 어려운 서민층에서부터 시작해 전 계층으로 퍼져 나간 데 반해서, 일본에서는 일부 고위층에만 국한되었기 때문이라는 것입니다. 그러나 오늘날 일본 신자들의 수는 매우 적지만 그들의 신앙이 형식적이거나 이론적이지 않고, 실제적이고 확실한 것은 하나님의 은혜로서 매우 감사할 일입니다. 복음은 우리의 전체 삶을 변화시키는 천국의 누룩입니다.

"천국은 마치 여자가 가루 서 말 속에 갖다 넣어 전부 부풀게 한 누룩과 같으니라"(마 13:33).

14장

복음을 믿는 자가 빠지기 쉬운 3가지 함정은 무엇인가?

방종과 나태와 영적인 교만

아무리 복음을 믿는 성도라 할지라도 육신의 연약함 때문에 3가지 위험에 빠질 수 있습니다.

첫째 위험은 자유를 빙자해 '육체의 방종'에 빠지는 것입니다. 노아는 하나님께 은혜를 입은 자였습니다(창 6:8). 하나님의 은혜로 말미암아 하나님의 심판에서 구원받았습니다. 그러나 노아는 홍수 후에 포도주를 마시고 취해 방종하다가 마침내 벌거벗은 몸으로 자신의 수치를 드러내고 말았을 뿐 아니라 간접적으로 경솔한 아들 함의 저주를 초래하고 말았습니다(창 9:21, 25).

간음하다가 현장에서 끌려온 여인은 진리 안에서의 자유와 육체의 방종을 혼돈했습니다. 그러나 참 자유는 진리 안에서 해방과 행복을 가져다주지만, 인간의 방종은 육신의 욕망으로 인해 마침내 속박과 파멸을 가지고 옵니다.

물고기가 물속에 있을 때 참으로 자유로울 수 있으며, 넓은 뭍에 나가면 몇 분이 못 되어 죽는 것과 마찬가지입니다. 그리스도인은 오직 하나님의 진리 안에 있을 때 참으로 자유로울 수 있으며, 넓은 세상길로 나가면 곧 영육 간에 죽음과 파멸이 찾아옵니다(요 8:32).

갈라디아 성도들은 처음에 사도 바울을 통해 복음을 듣고 은혜로 구원을 받았습니다. 그러나 중도에 이단인 할례당의 미혹을 받았습니다. 이로써 성령으로 시작했다가 육체[육체의 방종]로 마치는 어리석음을 범하고 말았습니다(갈 3:3). 그래서 복음의 은혜 외에 '육체의 할례'를 자랑했던 것입니다. 이것은 마치 쇠를 더욱 단단하게 만들기 위해 구리를 섞는 것과 같습니다.

둘째 위험은 은혜를 빙자해 '영적인 나태'에 빠지는 것입니다. 복음을 믿는 성도들 가운데 많은 그리스도인이 하나님의 은혜를 의지한다는 핑계로 최선을 다해 노력하지 않는 모습을 보게 됩니다.

은혜는 우리로 하여금 최선을 다할 수 있게 하는 가장 강한 힘의 원동력입니다. 그러므로 복음을 믿는 성도는 매사에 자기에게 맡겨진 일에 최선을 다하는 데서 참된 기쁨과 보람을 느끼며 살아가야 합니다. 그때 비로소 사도 바울처럼 "내가 나 된 것은 하나님의 은혜로 된 것이니"(고전 15:10)라고 고백하게 됩니다.

셋째 위험은 영적으르 교만해져서 자신과 신앙이 다른 사람을 무조건 무시하고 정죄하는 것입니다. 복음을 믿는 성도는 자기 자신의 절대적인 허물(부족함)과 하나님의 은혜를 잘 알기 때문에 자기 자신의 죄와 실수에 대해서는 어느 누구보다 엄하고, 다른 사람의 죄와 허물에 대해서는 가장 관대해야 합니다. 그러나 현실에서는 그와 정반대일 때가 많습니다. 이것은 우리의 속사람이 그리스도 안에서 아직 충분히 성숙하지 못했기 때문입니다.

복음을 믿는 성도가 다른 사람을 무시하고 정죄할 때 복음은 또 하나의 율법이 됩니다. 복음주의자들 가운데 아직도 영적으로 교만해 이러한 모순을 범하는 자들이 의외로 많다는 것은 놀라운 사실입니다. 이것은 '복음의 포용성'을 모르는 영적인 무지와 미성숙에서 비롯된 것입니다.

> "우리가 다 하나님의 아들을 믿는 것과 아는 일에 하나가 되어 온전한 사람을 이루어 그리스도의 장성한 분량이 충만한 데까지 이르리니"(엡 4:13).

> "오직 사랑 안에서 참된 것을 하여 범사에 그에게까지 자랄지라"(엡 4:15).

복음을 믿는 참된 그리스도인은 어떠한 경우에도 교만해서는 안 됩니다. 왜냐하면 우리가 잘 아는 신앙의 위인들은 모두, 한 사람도 예외 없이 자신들이 장담하던 부분에서 다 한 번씩 넘어졌기 때문입니다. 믿음의 조상 아브라함은 '의심' 때문에 넘어졌고, 은혜의 사람 노아는 '방종' 때문에 넘어졌고, 신앙의 열심을 자랑하던 엘리야는 '낙심' 때문에 넘어졌으며, 용기를 앞세우던 베드로는 인간의 '비굴함' 때문에 넘어졌습니다.

가나안 땅에 들어간 이스라엘 백성 가운데 제2세대들은 광야의 고난 속에서 하나님이 베푸신 은혜를 잊어버리는 '영적 교만' 때문에 하나님의 은혜를 오히려 당연한 것으로 여기고 말았습니다. 고난은 우리로 하여금 하나님의 은혜를 잊지 않고 늘 감사의 삶을 살게 해줍니다. 그러므로 고난은 의외의 고급 축복입니다.

복음의 중심 메시지_ 예수

제2부

1장 말씀으로 오신 예수님
2장 예수님의 겸손
3장 예수님의 온유
4장 예수님의 눈물

5장 예수님의 기쁨
6장 예수님의 사랑
7장 예수님의 기도
8장 예수님의 긍휼

1장

말씀으로 오신 예수님

(요 1:1-3, 14-18)

"태초에 말씀[로고스]이 계시니라 이 말씀이 하나님과 함께 계셨으니 이 말씀은 곧 하나님이시니라 그가 태초에 하나님과 함께 계셨고 만물이 그로 말미암아 지은 바 되었으니 지은 것이 하나도 그가 없이는 된 것이 없느니라"(요 1:1-3).

예수님은 '영원히 살아 있는 하나님의 말씀'으로서 영원 전부터 하나님과 함께 계셔서 말씀으로 천지 만물을 창조하신 창조주이십니다. 잠언 기자는 이에 관해 구체적으로 다음과 같이 말했습니다.

"여호와께서 그 조화의 시작 곧 태초에 일하시기 전에 나를 가지셨으며 만세 전부터, 태초부터, 땅이 생기기 전부터 내가 세움을 받았나니 아직 바다가 생기지 아니하였고 큰 샘들이 있기 전에 내가 이미 났으며 산이 세워지기 전에, 언덕이 생기기 전에 내가 이미 났으니 하나님이 아직 땅도, 들도, 세상 진토의 근원도 짓지 아니하셨을 때에라 그가 하늘을 지으시며 궁창을 해면에 두르실 때에 내가 거기 있었고 그가 위로 구름 하늘을 견고하게 하시며 바다의 샘들을 힘 있게 하시며 바다의 한계를 정하여 물이 명령을 거스르지 못하게 하시며 또 땅의 기초를 정하실 때에 내가 그 곁에 있어서 창조자가 되어 날마다 그의 기뻐하신 바가 되었으며 항상 그 앞에서 즐거워하였으며 사람이 거처할 땅에서 즐거워하며 인자들을 기뻐하였느니라"(잠 8:22-31).

또한 예수님이 '영원히 살아 있는 하나님의 말씀'이신 이유는 친히 '하나님 자신'을 사람들에게 나타내 보여 주셨기 때문입니다. 이에 관해 사도 요한은 요한복음 1장 18절에서 "본래 하나님을 본 사람이 없으되 아버지 품속에 있는 독생하신 하나님이 나타내셨느니라"라고 말했습니다.

실제로 예수님은 빌립이 "주여 아버지를 우리에게 보여 주옵소서"라고 했을 때 "나를 본 자는 아버지를 보았거늘 어찌하여 아버지를 보이라 하느냐"라고 말씀하셨습니다(요 14:8-9). 예수님의 일거수일투족, 예수님의 생애 자체가 곧 살아 있는 하나님의 말씀 그 자체였습니다.

인간이 죄로 인해 타락하기 이전 에덴동산에서 하나님은 친히 아담과 하와와 함께 동산을 거니시며 '직접' 그들에게 말씀하셨습니다. 그리고 인간이 죄로 인해 타락한 후에도 여전히 인간을 사랑하셔서 자연을 통해 계시하시거나 모세를 통해 시내산에서 하나님의 말씀을 직접 '돌판'에 새겨 주셨습니다.

그러나 인간은 하나님의 말씀을 겉으로만 받아들일 뿐 중심으로 순종하지 않았습니다. 그러자 하나님은 완악해질 대로 완악해진 인간을 위해 드디어 마지막으로 하나님의 말씀(로고스)이 '육신이 되어' 이 땅에 오게 하셨습니다. 그분이 바로 말씀이 육신이 되어 우리 가운데 거하신 하나님의 독생자 예수 그리스도이십니다.

사도 요한은 "말씀이 육신이 되어 우리 가운데 거하시매 우리가 그의 영광을 보니 아버지의 독생자의 영광이요 은혜와 진리가 충만하더라……우리가 다 그의 충만한 데서 받으니 은혜 위에 은혜러라"(요 1:14, 16)라고 말했습니다. 예수님은 하나님의 말씀 그 자체이시요, 은혜의 수원지이시기 때문에 언제나 은혜와 진리가 충만할 뿐 아니라 끊임이 없습니다.

요한복음에는 예수님에 관한 7가지의 진리와 7가지의 기적적이고 은혜로운 사건이 나옵니다.

1. 나는 생명의 빛이다(요 1:4, 8:12).
2. 나는 생명의 떡이다(요 6:35).
3. 나는 양의 문이다(요 10:7).

4. 나는 선한 목자다(요 10:14).

5. 나는 길, 진리, 생명이다(요 14:6).

6. 나는 참 포도나무다(요 15:5).

7. 나는 부활이다(요 11:25).

이 7가지 진리의 말씀은 반드시 은혜로운 사건에 의해 실제로 '증거'되어야 하며, 한편 은혜로운 사건들은 분명한 진리의 말씀으로 '정의'되어야 합니다.

비근한 예로, 예수님은 이미 죽은 지 나흘이나 된 죽은 나사로를 다시 살리심으로 말미암아 예수님 자신이 곧 부활이요, 생명임을 실제로 증거하셨습니다. 또한 간음하다가 현장에서 끌려온 여인에게 복음의 은혜의 빛을 비추어 다시 살리심으로 말미암아 자신이 생명의 빛임을 증거해 보이셨습니다(요 8:12). 그리고 마침내 십자가에서 자신의 생명을 대속의 제물로 내어 주심으로 말미암아 자신이 양들을 위해 목숨을 기꺼이 내어 주는 선한 목자임을 증거하셨습니다.

하나님의 말씀이 육신이 되어 오신 예수님, 즉 성육신하신 예수님은 성경 66권의 모든 말씀이 하나님의 말씀으로서, 지금도 그대로 이루어질 수 있음을 믿도록 하는 데 중대한 기초가 되십니다.

1. 마리아는 두렵고 떨리는 마음으로 천사를 통해 "네가 장차 성령으로 말미암아 한 아들을 낳으리라"라는 말씀을 들었습니다(눅 1:30-31).

2. 마침내 성령이 마리아에게 임하셨고, 지극히 높으신 이의 능력이 그녀를 온전히 덮었습니다(눅 1:35; 창 1:2, "운행하시니라": 품는다).
천지창조와 예수님의 성육신은 같은 원리입니다.

3. 마리아는 말씀대로 이루어질 것을 의심 없이 믿었고, 때가 되매 마침내 마리아의 몸을 통해 아기 예수가 태어나셨습니다(눅 1:38).

"대저 하나님의 모든 말씀은 능하지 못하심이 없느니라"(눅 1:37).

사도 바울은 고린도후서 1장 20절에서 "하나님의 약속은 얼마든지 그리스도 안에서 예가 되니 그런즉 그로 말미암아 우리가 아멘 하여 하나님께 영광을 돌리게 되느니라"라고 말했습니다. 하나님의 모든 말씀(약속)이 '그리스도 안에서' 얼마든지 '예'가 되는 이유는 말씀이신 그리스도께서 성령의 능력으로 말미암아 현실 가운데 육신(믿음의 실상)으로 나타나셨기 때문입니다.

그러므로 예수님의 성육신은 우리가 하나님의 모든 말씀을 믿을 때 지금도 그대로 이루어질 수 있음을 믿는 근거(모체, 뿌리)가 됩니다. 예수님의 동정녀 탄생을 믿는 성도는 성경 66권의 모든 말씀이 하나님의 말씀으로서, 언제나 그대로 이루어질 수 있음을 의심 없이 믿습니다.

하나님의 모든 말씀은 마침내 '성령의 능력'으로 이루어집니다. 다시 말해서 성령의 감동과 능력이 인간의 연약함을 온전히 덮을(지배할) 때 이루어집니다. 그런데 특별 계시의 하나님의 말씀은 일반 은총의 '육체'(肉體)를 통해서 표현됩니다. 즉 자연과 과학과 상식과 이성과 역사 등의 일반 은총을 통해서 하나님의 말씀이 현실 속에서 비로소 실제로 나타난다는 사실입니다.

그런데 아직도 많은 그리스도인이 하나님께 대한 '절대 신앙'을 너무 강조한 나머지 자연과 과학, 이성과 상식을 무시해 버리는 것이 참으로 믿음이 좋은 것으로 착각하곤 합니다.

영국의 스펄전 터버너클 교회의 제6대 담임목사였던 그래함 스크로기(W. Gram Scroggie) 목사님은 마태복음 4장 1-11절의 강해서인 『유혹에 의해 시험받으심』(Tested by Temptation)이라는 책에서 이렇게 말했습니다.

"우리가 초자연적인 능력을 지니신 하나님을 믿는다는 이유 때문에 자연과 과학, 이성과 상식을 무시하거나 부인하는 것은 일종의 비합리적인 미신에 불과하다."[17]

가장 건전한 신앙은 하나님께 대한 절대 신앙을 가질 뿐 아니라 나무가 자라고 물이 흐르듯 자연과 과학, 이성과 상식을 인정하고 이용할 줄 아는 가장 이연하고 '합리적인 신앙'으로서, 이러한 신앙이야말로 현실의 모든 고난에 유연하게 대처할 수 있을 만큼 가장 힘 있고 강합니다.

오늘날 자유주의자들은 인간의 이성을 너무 강조한 나머지 하나님께 대한 절대 신앙(하나님의 신성)을 잃어버린 반면에, 보수주의자들은 하나님의 신성과 예수님의 동정녀 탄생(무죄성)만을 너무 강조하다가 현실에 거멀못이 되는 '육체'라는 중요한 도구(중간 매개체)를 잃어버렸습니다.

이 사실을 깨달은 후 필자는 모든 학문의 개론이라는 개론은 거의 다 읽었습니다. 자연과학 개론, 철학 개론, 인류학 개론, 교육학 개론, 사회과학 개론, 심리학 개론 등을 섭렵했습니다. 왜냐하면 그것이 특별 계시의 하나님의 말씀을 현실 속에서 구현하는 '육체'에 해당되는 것임을 깨달았기 때문입니다.

만일 하나님이신 예수님이 우리와 같은 육신을 입고 이 땅에 오시지 않았더라면 과연 사람들이 하나님을 실제로 잘 알 수 있었을까요? 은혜와 진리로 충만할 수 있었을까요?

예수님의 성육신에서 우리는 두 가지를 꼭 기억해야 합니다. 첫째는 '성령의 역사'이고, 둘째는 '육'이라는 도구입니다. 믿음을 가진 우리가 현실 속에서 잘 적응하면서 승리하는 삶을 살기 위해서는 하나님의 신성에 대한 절대 신앙과 함께 현실에 더한 과학적이고 합리적인 지식을 반드시 가져야 합니다.

하나님은 이스라엘 백성이 지금까지 한 번도 가 보지 않은 길을 가려 했을 때 "하나님의 법궤(말씀)만 바라보고 가라"라고 하셨을 뿐 아니라, 사전에 12명의 정탐꾼들을 보내 가나안 땅을 철저히 답사하도록 허락하셨습니다. 역사와 현실과 상식을 무시하지 않으셨을 뿐 아니라, 오히려 중요하게 여기셨습니다.

하나님은 우리 그리스도인들이 역사와 현실, 이성과 상식을 무시함으로 말미암아 병약한 믿음을 갖기를 원하지 않으십니다. 화란 캄펜 대학의 창립자인 클라스 스킬더(Klaas Schilder) 박사는 야콥 종(Jacobus De Jong)의 책 『하나님의 적응으로서 성육신』(Accomodatio Dei)에서 "예수님의 성육신을 모든 적용의 모체"[18]로 간주했습니다.

인간의 마음은 완악해 말씀이 육신이 되어 이 땅에 오신 예수님마저 십자가에 못 박아 죽였습니다. 그래도 하나님은 끝내 인간을 버리지 않으셨습니다. 그래서 이제 하나님은 '계시의 영'이신 성령을 우리 마음속에 보내셔서 성령 하나님이 인간의 '심령'에 직접 말씀을 새겨 주시고, 또한 깨닫게 해주셨습니다(요 14:26). 모세를 통해 주신 언약(율법)은 돌판에 새겨 주셨지만, 예수 그리스도를 통해 주신 언약[은혜(복음)]은 우리의 '마음 판'에 새겨 주셨습니다.

"또 주께서 이르시되 그날 후에 내가 이스라엘 집과 맺을 언약은 이것이니 내 법을 그들의 생각에 두고 그들의 마음에 이것을 기록하리라 나는 그들에게 하나님이 되고 그들은 내게 백성이 되리라 또 각각 자기 나라 사람과 각각 자기 형제를 가르쳐 이르기를 주를 알라 하지 아니할 것은 그들이 작은 자로부터 큰 자까지 다 나를 앎이라"(히 8:10-11).

지금도 동일하신 성령 하나님은 우리의 완악함과 미련함으로 인해 우리 안에서 말할 수 없는 탄식으로 우리를 위해 친히 아버지께 간구하실지언정 결코 우리를 버리시거나 떠나시지 않습니다(롬 8:26). 이는 우리가 진리의 말씀, 곧 구원의 복음을 듣고 그 안에서 또한 믿어 약속의 성령으로 영원히 인 치심을 받았기 때문입니다(엡 1:13).

"또 누구든지 말로 인자를 거역하면 사하심을 얻되 누구든지 말로 성령을 거역하면 이 세상과 오는 세상에서도 사하심을 얻지 못하리라" (마 12:32).

성령의 음성은 인간을 향한 하나님의 마지막 자비의 음성이므로 그것을 거역한 자는 더 이상 죄 용서를 받을 길이 전혀 없을 뿐 아니라 결코 구원을 받을 수 없습니다.

2장

예수님의 겸손

(빌 2:3-8)

태초에 아담은 인간이면서 하나님처럼 되려다가 인간의 운명을 비극으로 몰아갔습니다. 그러나 예수님은 자신이 하나님이시면서 하나님과 동등 됨을 취할 것으로 여기지 아니하시고 오히려 자신을 비워 종의 형체를 가지사 사람들과 같이 되셨고, 사람의 모양으로 나타나사 자기를 낮추시고 십자가에서 죽기까지 하나님 아버지께 복종하셨습니다(빌 2:6-8).

하나님처럼 되려는 인간의 교만은 불순종으로 인한 죽음과 파멸을 가져왔지만, 자신을 낮추신 예수님은 순종을 통해 영원한 구원의 근원이 되셨습니다(히 5:8-9).

그런데 죄로 인해 타락한 인간은 교만한 것이 그 본성이요 특징인 반면에, 성령으로 말미암아 거듭난 자는 겸손한 것이 그 본성이요 특징입니다. 물론 인간이기에 거듭난 자도 교만할 때가 간혹 있습니다. 그러나 교만한 것은 순간이고 겸손은 영구합니다.

1. 예수님은 겸손하셔서 하나님이시면서 죄인인 우리를 섬기셨습니다(요 13:1-17). 그러기 위해 그분은 하나님의 아들로서의 '영광의 옷'을 벗어 놓으시고, 낮고 비천한 인간의 몸을 입고 이 땅에 오셔서 33년 동안 우리 죄인들을 섬기셨습니다. 누구의 명령에 의해서가 아니라 '자원해서' 섬기셨습니다. 창조주로서 피조물인 인간을 섬기셨으며, 주와 스승으로서 종인 우리를 섬기셨습니다. 무엇을 받기 의해서가 아니라 해주시기 위해서 섬기셨습니다. 끝까지 '사랑으로' 섬기셨습니다. 가장 낮은 자리에서 섬기심으로 말미암아 가장 높은 자리(만주의 주)에 오르셨습니다.

2. 예수님은 겸손하시기 때문에 어떠한 죄인도 능히 사랑하십니다. 가난한 사람도, 부자도 차별 없이 사랑하십니다. 무식한 사람도, 유식한 사람도 똑같이 사랑하십니다. 예수님이 사랑하실 수 없는 죄인은 없습니다. 세리도, 창기도 능히 사랑하십니다. 왜냐하면 그분은 겸손하시기 때문입니다.

빌립보 교회의 유오디아와 순두게가 서로 사랑으로 하나 될 수 없었던 이유는 그들의 마음이 겸손하지 못하고 교만했기 때문입니다.

우리가 왜 서로를 진심으로 사랑하지 못합니까? 끝까지 자존심을 내세우기 때문입니다. 우리가 참으로 겸손할 때 사랑할 수 없는 사람은 아무도 없습니다.

　많은 사람이 '사랑'을 기독교의 최고 특징으로 여깁니다. 하나님이 세상을, 사람을 사랑하사 독생자를 내어 주신 사랑보다 더 큰 것은 없습니다. 그런데 사랑은 그리스도의 겸손이 있기에 가능했습니다. 영광의 옷을 벗으시고, 인간의 몸을 입고 이 땅에 내려오신 주님의 겸손 말입니다. 사랑보다 더 중요하고 위대한 것이 있는데 그것은 바로 겸손입니다.

　3. 그리스도의 사랑은 그분의 겸손에 뿌리를 두고 있습니다. 그래서 유명한 개혁주의 신학자 앤드류 머레이(Andrew Murray)는 그의 저서 『겸손』에서 "사랑은 겸손이라는 토양에 뿌리를 내리고 자란다"라고 말했습니다. 사랑은 겸손이라는 토양에 뿌리를 내리고 영양분을 섭취할 때만 아름다운 열매를 맺기 때문입니다.[19]

　참으로 겸손한 사람은 부자만 아니라 가난한 사람도 사랑할 수 있고, 유식한 사람만 아니라 무식한 사람도 차별 없이 사랑할 수 있습니다. 우리 죄인들을 사랑하시는 예수님은 마음이 온유하고 겸손하십니다. 우리가 성령으로 거듭날 때 비로소 교만이라는 옛 껍질을 벗고 겸손이라는 새 옷으로 갈아입게 됩니다.

　겸손은 하나님과 그분의 말씀에 대한 '절대 순종'을 통해 '하나님의 뜻'을 완성할 뿐 아니라, '섬김의 삶'을 통해 우리 자신을 '성숙'하게 완성해 가는 열쇠가 됩니다. 왜냐하면 참으로 겸손한 자의 삶은 순종과 섬김으로 나타나기 때문입니다.

3장

예수님의 온유

(눅 23:33-43)

예수님은 십자가에서 죽으시는 가장 고통스러운 순간에도 자신을 십자가에 못 박은 자들을 위해 아버지께 기도하셨습니다.

"아버지 저들을 사하여 주옵소서 자기들이 하는 것을 알지 못함이니이다"(눅 23:34).

예수님은 욕을 당하시되 맞대어 욕하지 아니하시고, 고난을 당하시되 위협하지 않으셨습니다(벧전 2:23). 그분은 아버지께 구하기만 하면 당장 열두 군단 더 되는 천군 천사를 동원하실 수 있음에도 불구하고 그렇게 하시지 않았고, 마치 권세 없는 자처럼 우리 죄인들을 위한 모든 고난을 순결한 마음으로 다 받아들이셨습니다.

또한 예수님은 힘이 없어 기진맥진하며 가장 고통스러우신 순간에도 조금 전까지만 해도 다른 편 강도와 함께 예수님을 욕하던 한편 강도가(마 27:44) 자신의 죄를 회개하고 "예수여 당신의 나라에 임하실 때에 나를 기억하소서"라고 하며 예수님께 구원을 청했을 때 뿌리치지 않으셨습니다. 사랑으로 그 영혼을 보듬어 안아 주시며 "내가 진실로 네게 이르노니 오늘 네가 나와 함께 낙원에 있으리라"(눅 23:43)라고 말씀해 주셨습니다. 이것은 예수님의 온유하심을 단적으로 보여 주는 대표적인 예입니다.

영국의 유명한 강해 설교자 데니스 레인(Denis Lane) 목사님이 약 30년 전 한국에 와서 강의 중에 '온유'에 관해 비유로 설명한 적이 있습니다. 그는 "온유란 마치 세상에서 가장 힘센 장사가 조심스럽게 그 손에 달걀을 쥔 것과 같다"라고 말했습니다. 이는 얼마든지 마음대로 할 수 있는 능력을 가지고 있지만 자기 뜻대로 하지 않고 가장 조심스럽고, 가장 부드럽게 대하는 것을 말합니다.

또한 온유란 해면이 물을 빨아들이듯이 원수들의 모든 박해를 고스란히 받아들이는 것을 말합니다. 그래서 원수가 마침내 상대의 부드러움에 놀라 영적인 잠에서 깨어나게 되는 것을 의미합니다.

사실 예수님이 세상을 이기신 최대의 무기는 정의가 아니라 온유였습니다. 예수님의 온유하심이 그분을 거역하고 박해한 수많은 영혼을 영적인 잠에서 깨웠습니다.

사울이라는 청년이 예수 믿는 자들을 결박해 예루살렘으로 잡아 오기 위해 다메섹으로 갈 때 주님은 그에게 나타나 "사울아 사울아 네가 어찌하여 나를 박해하느냐"라고 물으셨습니다. 사울이 "주여 누구시니이까"라고 묻자 주님은 "나는 네가 박해하는 예수라"라고 말씀하셨습니다(행 9:4-5). 그때 사울은 수난받으시는 그리스도의 온유하심 때문에 땅에 엎드러졌습니다.

또한 사울은 스데반이 순교할 때 그를 돌로 치는 자들을 향해 욕하지 않고 오히려 무릎을 꿇고 큰 소리로 "주여 이 죄를 그들에게 돌리지 마옵소서"(행 7:60)라고 기도하는 소리를 직접 들었습니다.

이와 같이 만일 우리가 우리를 박해하는 원수들을 향해 예수님처럼, 스데반 집사처럼 기도할 수 있다면 마침내 우리 앞에 무릎을 꿇지 않는 원수는 하나도 없을 것입니다.

또한 온유는 원수들의 모든 완악함을 잠재울 뿐만 아니라, 마침내 하나님이 주시는 '르호봇'(장소가 넓음)의 축복을 누리게 합니다.

아브라함의 아들 이삭은 흉년을 만나 이웃 블레셋 땅 그랄 지역으로 갔습니다. 하나님이 이삭을 축복하셔서 그해 그 땅에서 농사를 지어 100배의 수확을 얻어 창대한 거부가 되었습니다. 그러자 그랄 지역 사람들이 이삭을 시기해 그가 우물을 파면 메워 버리곤 했습니다. 그러나 이삭은 그들을 향해 원망하거나 다투지 않았고, 오히려 온유한 마음으로 그들의 모든 방해를 참아 냈습니다. 그러고는 말없이 아버지 아브라함이 옛날에 팠던 우물을 계속 팠습니다.

마침내 그랄 지역 사람들은 이삭의 온유함에 승복해 방해하는 일을 그쳤고, 이삭은 드디어 여호와께서 그의 지경을 넓혀 주시는 '르호봇'의 축복을 누리게 되었습니다. 뿐만 아니라 그는 하나님이 주신 최후, 최대의 완전한 승리를 얻게 되었습니다.

복수는 '반쪽 승리'만을 가져오지만 온유는 마침내 원수의 모든 강포를 잠재우고 적을 변화시킴으로 말미암아 하나님이 주시는 최후의 '완전한 승리'를 가져옵니다.

이삭은 예수 그리스도의 '온유의 표상'입니다. 우리는 이삭을 통해 온유하신 그리스도의 모습을 봅니다. 온유는 예수님처럼 우리가 우리를 대적하는 모든 원수를 이길 수 있는 최대의 능력입니다. 또한 이 세상을 이기는 강력입니다. 온유한 자는 마침내 땅을 기업으로 차지할 뿐 아니라 풍성한 화평을 즐기게 됩니다.

"온유한 자는 복이 있나니 그들이 땅을 기업으로 받을 것임이요"(마 5:5).

"그러나 온유한 자들은 땅을 차지하며 풍성한 화평으로 즐거워하리로다"(시 37:11).

4장

예수님의 눈물

(눅 19:41, 23:38; 요 11:35)

이 세상에는 가치 없는 눈물이 많습니다. 에서처럼 장자의 명분을 팥죽 한 그릇에 팔아넘긴 후 울면서 아버지께 축복을 애원하며 흘린 눈물과도 같으며, 사랑하는 스승을 은 30에 팔고 후회하며 흘린 가룟 유다의 눈물이 그것입니다.

예수님은 제자들이 준비한 나귀 새끼를 타고 예루살렘으로 입성하실 때 가까이 오사 성을 보고 우시며 이렇게 말씀하셨습니다.

"이르시되 너도 오늘 평화에 관한 일을 알았더라면 좋을 뻔하였거니와 지금 네 눈에 숨겨졌도다……또 너와 및 그 가운데 있는 네 자식들을 땅에 메어치며 돌 하나도 돌 위에 남기지 아니하리니 이는 네가 보살핌[심판] 받는 날을 알지 못함을 인함이니라 하시니라"(눅 19:42-44).

예수님은 예루살렘에 사는 이스라엘 백성의 영안이 죄로 인해 가려져서 그들에게 진정한 평화를 가져다줄 자신을 알아보지 못하고, 도리어 십자가에 못 박아 죽이고, 그 죄의 형벌로 장차 그들의 자녀들에게 미칠 재앙을 미리 내다보고 우셨습니다. 이 일은 주후 70년 로마의 디도 장군이 이끄는 로마 군대에 의해 그대로 이루어진 사실입니다.

인간의 가장 큰 불행은 물질적인 가난이나 육체적인 질병이 아니라 죄로 인한 '영적인 무지'입니다. 물질적이고 육체적인 것은 일시적이며 부분적이지만, 영적인 무지로 인한 불행은 보다 근본적이며 영원합니다. 사도 바울은 그가 아직 사울이었을 때를 회고하며 "내가 전에는 비방자요 박해자요 폭행자였으나 도리어 긍휼을 입은 것은 내가 믿지 아니할 때에 알지 못하고 행하였음이라"(딤전 1:13)라고 말했습니다.

일반적인 의미에서 '평화'의 반대는 '전쟁'입니다. 그러나 성경적인 의미에서 '평화'의 반대는 '죄'입니다. 왜냐하면 인간은 죄로 인해 영안이 가려졌을 때 참된 평화의 길을 알지 못하기 때문입니다.

또한 예수님은 베다니 촌에 살던 나사로의 무덤 앞에서 눈물을 흘리셨습니다(요 11:35). 이는 나사로가 예수님과 다정한 사이였기 때문이 아니라 죽음이라는 불청객 때문이었습니다. 인간의 사랑과 소망에 관한 모든 것을 한순간에 끊어 버리는 사망의 권세를 바라보시며 주님은 생명의 주로서 심히 분노하며 우셨습니다. 이를 갈며 우셨습니다.

단순한 동정의 눈물이 아니었습니다. 예수님은 죽음을 인간의 죄로 인한 결과로 보시고 심히 탄식하며 우셨습니다. 그리고 죽은 나사로를 다시 살리심으로 말미암아 자신이 사망의 권세를 몰아내는 '생명의 주'임을 증거하셨고, 인간의 눈물을 근본적으로 닦아 주셨습니다.

히브리서 저자는 "그는 육체에 계실 때에 자기를 죽음에서 능히 구원하실 이에게 심한 통곡과 눈물로 간구와 소원을 올렸고 그의 경건하심으로 말미암아 들으심을 얻었느니라"(히 5:7)라고 기록했습니다.
여기서 그는 예수님이 심한 통곡과 눈물로 하나님 아버지께 간구를 올리신 일이 십자가 죽음을 앞둔 바로 전날 밤에 한 번 있었던 단회적인 사건이 아님을 밝히고 있습니다. 그 이유는 원문에 의하면 '간구들'과 '소원들'이라는 '복수형'을 썼기 때문입니다. 다시 말해서 예수님이 겟세마네 동산에서 심한 통곡과 눈물로 아버지께 간구를 올리신 일은 예수님의 생애에 여러 번 있었다는 뜻입니다.

예수님은 비록 우리와 같이 죄는 없으셨지만 우리와 같이 연약한 육체를 가지셨습니다. 따라서 자신의 원대로가 아니라 하나님의 뜻대로 이루어지도록 하시기 위해 눈물의 기도를 통해 하나님이 주신 은혜의 힘으로 자신의 육신을 아버지의 뜻에 복종시키셨던 것입니다.

그래서 예수님은 (죄 없는) 하나님의 아들이시지만 (거룩한) 기도의 고난을 통해 (아버지께) 순종함을 배워 온전하게 되셨습니다(히 5:8-9). 십자가의 죽음을 앞에 놓고 기도하실 때 예수님의 이마에서 흐르는 땀방울 속에 핏방울이 섞여서 흘러내리기도 했으며, 그분의 연약한 육체를 돕기 위해 천사들이 나타나 수종 들기도 했습니다.

우리는 기도하지 않을 때 하나님을 믿으면서도 우리 자신의 죄성을 따라 우리 마음대로 살아갑니다. 그러나 깊은 기도를 하는 중에 하나님의 은혜로 주님이 내 안에 들어오시고, 또한 내가 주님 안에 들어가면서 주님의 뜻이 내 뜻이 되고, 내 뜻이 곧 주님의 뜻과 일치되는 일을 발견하게 됩니다. 그런데 이 모든 일은 겟세마네의 예수님처럼 '심한 통곡과 눈물로 많은 간구들과 소원의 기도들'을 올려 드릴 때만 가능합니다.

예수님이 십자가를 지고 가실 때 많은 백성과 예루살렘 여자의 큰 무리가 예수님을 위해 가슴을 치며 슬피 울면서 따라갔습니다(눅 23:27). 그때 예수님은 문득 돌이켜 보시면서 그들을 향해 "예루살렘의 딸들아 나를 위하여 울지 말고 너희와 너희 자녀를 위하여 울라"(눅 23:28)라고 말씀하셨습니다. 그들은 예수님을 향해 '동정의 눈물'을 흘렸지만, 예수님은 우리에게 '통회의 눈물'을 촉구하셨습니다. 예수님이 그들의 죄를 대신해 십자가를 지고 가시는 것이기 때문입니다.

"나의 눈물을 주의 병에 담으소서"(시 56:8).

5장

예수님의 기쁨

(요 17:13; 히 12:2-3)

우리의 영원한 대제사장이신 예수님은 하나님의 보좌 우편에 지금도 항상 살아 계셔서 세상에 있는 성도들을 위해 중보의 기도를 하고 계십니다. 성령 하나님은 우리 안에서, 성자 예수님은 우리의 영원한 중보자로서 하늘에서 우리를 위해 간구하십니다.

주님은 우리의 영원한 대제사장으로서, 주님의 기도 가운데 가장 먼저 이 땅에 있는 성도들의 마음에 무엇보다도 '예수의 기쁨이 충만하게' 해달라고 기도하십니다(요 17:13). 우리가 잘 아는 대로 초대교회 성도들의 마음에는 예수의 기쁨이 충만했으며, 그 기쁨은 그들의 삶에 '원동력'이 되었습니다(행 2:46).

은혜와 평강이 그리스도인들의 가장 위대한 '영적 자산'이라고 한다면 예수의 기쁨은 이 세상의 모든 고난을 이기는 '삶의 원동력'이 됩니다. 예수님(하나님)을 기뻐함이 그리스도인들의 힘입니다(느 8:10).

또한 히브리서 기자는 이 땅에 있는 성도들이 그들 앞에 닥쳐 오는 모든 고난을 이기고, 마침내 믿음의 경주에서 승리하기 위해 다음과 같이 권면했습니다.

"믿음의 주요 또 온전하게 하시는 이인 예수를 바라보자 그는 그 앞에 있는 기쁨을 위하여 십자가를 참으사 부끄러움을 개의치 아니하시더니 하나님 보좌 우편에 앉으셨느니라"(히 12:2).

주님은 고통의 십자가 그 후에 있을 부활과 승리의 영광을 바라보며 기뻐하셨고, 그 기쁨의 능력으로 모든 고난을 참고 인내하며 이기셨습니다.

사도 바울은 주님을 위해 어느 누구보다 많은 고난을 당했지만 옥중에서 기쁨을 이기지 못해 한밤중에 일어나 하나님을 찬송했습니다. 그리고 빌립보 성도들을 향해 "주 안에서 항상 기뻐하라 내가 다시 말하노니 기뻐하라"(빌 4:4)라고 담대히 말했습니다. 초대교회 성도들은 그들 속에 있는 기쁨의 능력으로 환란과 박해를 능히 이길 수 있었습니다(행 2:46).

그런데 문제는 우리가 고난 많은 이 세상에 살면서 어떻게 모든 환경을 초월해 항상 기뻐할 수 있느냐는 것입니다. 사람들이 흔히 말하는 행복은 '환경과 상태의 변화'에 좌우됩니다. 하지만 예수의 기쁨은 현재 내가 처한 환경이나 상태와 상관없이 주님과 나의 영원한 관계(내가 주 안에 있는 것)에 좌우됩니다. 그러므로 사도 바울은 모든 환경을 초월해 주님과 그의 영원한 믿음의 현실(실제와 사실) 속에서 항상 기뻐할 수 있었습니다.

그리스도인은 지금 눈앞에 보이는 육신의 현실, 곧 잠시, 잠깐이면 지나가 버릴 현상들 때문에 기뻐하지 않습니다. 이 세상의 모든 환경과 환란과 역경을 그 발아래 밟으시고(발등상 되게 하시고) 지금도 하나님의 보좌 우편에서 절대적 권능으로 모든 것을 항상 다스리고 계시는 주님 안에서 항상 기뻐하며 살아갑니다. 즉 보이는 현상 세계(육신의 현실) 너머 영원히 실재하는 믿음의 현실을 바라보고 기뻐하며 살아가는 것이 그리스도인들의 삶입니다.

그리스도인은 '믿음의 눈'으로 사람들이 보지 못하는 것을 보며(행 27:10), 믿음의 귀로 사람들이 듣지 못하는 것을 듣고(왕상 18:41) 기뻐합니다. 사도 바울이 그러했으며, 엘리야가 그러했습니다.

만일 그리스도인이 이 세상 모든 것을 다 가졌다고 해도 예수의 기쁨을 갖지 못했다면 그는 불행한 사람입니다. 그러나 한편 주님을 위해 이 세상 모든 것을 잃어버렸다 해도 사도 바울처럼 영원한 하늘의 기쁨(예수의 기쁨)을 가졌다면 그는 참으로 행복자입니다.

"주 안에서 항상 기뻐하라 내가 다시 말하노니 기뻐하라"(빌 4:4).

6장

예수님의 사랑

(요 13:1, 7, 21:1-19)

중세의 유명한 성자 성 버나드(St. Bernard)는 사랑을 4가지 단계로 나누었습니다. 첫째 단계는 자기를 위해 자기를 사랑하는 이방인의 단계요, 둘째 단계는 자기를 위해 하나님을 사랑하는 이기적인 단계요, 셋째 단계는 하나님을 위해 하나님을 사랑하는 맹목적인 단계요, 넷째 단계는 하나님을 위해 자기를 사랑하는 성숙한 단계입니다.

아가서 기자인 솔로몬은 사랑을 크게 두 가지 단계로 나누었습니다. 하나는 자기중심의 '이기적인 사랑의 단계'로서, 그는 "내 사랑하는 자는 내게 속하였고 나는 그에게 속하였도다"(아 2:16)라고 말했습니다. 또 하나는 신랑(주님)을 중심한 '이타적인 사랑의 단계'로서, 솔로몬은 "나는 내 사랑하는 자에게 속하였도다 그가 나를 사모하는구나"(아 7:10)라고 말했습니다.

그런데 주님은 아무런 조건 없는 진정한 사랑을 우리에게 보여 주셨습니다. 자신을 위해서는 물 한 방울, 피 한 방울 남기지 않으시고, 우리 죄인들을 위해서는 전부를 내어 주셨습니다. 이와 같이 예수님은 우리를 '전폭적'으로 사랑하십니다.

우리가 어떤 사람을 사랑할 때 그 저변에는 우리 자신을 위하는 마음이 은연중에 깔려 있습니다. 어떤 사람은 많은 사람을 물질로 도와주고도 항상 끝이 좋지 못합니다. 배반을 당하거나 서로 크게 싸우고 돌아섭니다. 그 이유는 자기 자신을 위해 상대를 도와주었기 때문입니다. 자신의 선함과 의로움을 나타내기 위해 상대를 수단으로 삼았기 때문입니다.

그러나 예수님은 어떤 사람을 사랑하실 때 아무런 조건 없이 오직 그 사람을 위해 그 사람을 사랑하십니다. 그러므로 순수한 예수님의 사랑은 사람들의 마음에 진한 감동을 줄 뿐 아니라 일생 동안 지속적으로 두고두고 메아리쳐 울립니다. 그러고는 마침내 사람들의 마음과 생애를 바꾸어 놓고야 맙니다. 왜냐하면 예수님의 사랑은 인간의 어떤 조건이 없는 '순수한 사랑'이기 때문입니다.

또한 주님은 세상에 있는 자기 사람들을 사랑하시되 '끝까지' 사랑하십니다(요 13:1). 주님이 십자가에 못 박혀 돌아가신 후에 모든 제자가 주님을 떠나고 육신의 천직인 어부의 생활로 돌아가 버렸습니다. 그러나 부활하신 예수님은 아무 일도 없었던 것처럼 제자들을 위해 숯불을 피우시고, 고기를 구워 놓으시고 그들을 부르셨습니다. 주님은 제자들의 '인간적인 온갖 배신'을 넘어 '변함없이' 그들을 사랑하셨습니다(요 21:15-23).

제자들의 인간적인 간사함과 비굴함은 반석과 같은 주님의 사랑에 부딪치자 산산조각으로 부서졌고, 마침내 그들은 온전한 믿음의 사람들로 변화될 수밖에 없었습니다.

조반을 드신 후에 주님이 시몬 베드로를 향해 "요한의 아들 시몬아 네가 나를 사랑하느냐?"라고 세 번씩이나 물으신 이유는 대제사장 가야바의 뜰에서 주님을 세 번 부인했던 베드로의 잘못을 심문하시기 위해서가 아니었습니다. 그럼에도 불구하고 변함없는 주님의 사랑을 확증해 주심으로 베드로의 마음에 있는 무거운 짐을 덜어 주시기 위해서였습니다.

시몬 베드로는 언제나 자신이 "나는 주님을 모른다"라고 부인했던 일에 대해 마음에 무거운 짐을 안고 있었습니다. 주님은 변함없는 사랑으로 그 짐을 벗겨 주셨습니다.

예수님처럼 인간의 모든 배신을 넘어선 변함없는 사랑만이 마침내 사람을 변화시킬 수 있습니다. 주님의 사랑은 아무런 조건 없는 순수한 사랑이며, 변함없는 지속적인 사랑입니다.

또한 주님의 사랑은 상대방이 마침내 깨닫고 이해할 때까지 모든 죄와 허물을 넘어 가장 낮은 자리에서 섬기면서 끝까지 참고 인내하며 기다려 주는 사랑입니다.

"예수께서 대답하여 이르시되 내가 하는 것을 네가 지금은 알지 못하나 이후에는 알리라"(요 13:7).

"사랑은 오래 참고…… 모든 것을 참으며…… 모든 것을 견디느니라"(고전 13:4, 7).

7장

예수님의 기도

(마 26:36-46; 히 5:8)

예수님은 이 세상을 떠나시기 전에 이 땅에 있는 성도들을 위해 3가지 고귀한 선물을 남겨 주셨습니다. 첫째는 성령이요, 둘째는 말씀이며, 셋째는 기도의 특권입니다.

주님은 우리를 고아와 같이 버려두시지 않고 성령을 보내 임마누엘의 하나님으로 언제나 함께하십니다(요 14:16-20). 뿐만 아니라 주님의 말씀을 주셔서 우리가 그 말씀에 순종함으로 그분의 사랑 안에 거하게 하십니다(요 14:21). 그러나 무엇보다 예수님은 우리에게 기도의 특권을 주셔서 주님의 이름으로 구한 것은 다 받게 하실 뿐 아니라 기쁨이 충만하게 하십니다.

"지금까지는 너희가 내 이름으로 아무것도 구하지 아니하였으나 구하라 그리하면 받으리니 너희 기쁨이 충만하리라"(요 16:24).

그리고 주님을 믿는 자는 믿음의 기도를 통해 주님이 하신 일을 행할 뿐 아니라 그보다 큰 일도 할 것이라고 말씀하셨습니다.

"내가 진실로 진실로 너희에게 이르노니 나를 믿는 자는 내가 하는 일을 그도 할 것이요 또한 그보다 큰 일도 하리니 이는 내가 아버지께로 감이라 너희가 내 이름으로 무엇을 구하든지 내가 행하리니 이는 아버지로 하여금 아들로 말미암아 영광을 받으시게 하려 함이라 내 이름으로 무엇이든지 내게 구하면 내가 행하리라"(요 14:12-14).

그러나 이에 앞서 겟세마네에서의 주님의 기도는 기도하는 우리의 기본적인 마음의 태도에 대해 잘 말해 줍니다. 예수님은 십자가의 죽음을 앞두고 겟세마네 동산에서 기도하실 때 마음이 매우 고민하여 죽게 되었다고 말씀하셨습니다(마 26:38). 힘쓰고 애써서 기도하시니 땀이 땅에 떨어지는 핏방울같이 되었습니다(눅 22:44).
처음 기도하실 때 예수님은 "내 아버지여 만일 할 만하시거든 이 잔을 내게서 지나가게 하옵소서 그러나 나의 원대로 마시옵고 아버지의 원대로 하옵소서"(마 26:39)라고 기도하셨습니다. 천사들의 수종을 받으신 후 다시 두 번째 나아가 기도하실 때 주님은 "내 아버지여 만일 내가 마시지 않고는 이 잔이 내게서 지나갈 수 없거든 아버지의 원대로 되기를 원하나이다"(마 26:42)라고 기도하셨습니다.

예수님도 우리와 같이 연약한 육신을 가지셨기 때문에 육신을 위한 기도를 하셨습니다. 할 수만 있으면 십자가에서의 고난의 잔을 피하게 해달라고 기도하셨습니다. 그러나 주님은 여기에 머물지 않고 "그러나 나의 원대로 마시옵고 아버지의 원대로 하옵소서"라고 기도하는 자리에까지 나아가셨습니다. 이것이 예수님의 기도의 '생명'인 동시에 우리의 모든 '기도 응답의 열쇠'이기도 합니다.

우리가 만일 예수님처럼 우리 자신을 하나님 아버지의 뜻에 복종시킬 수만 있다면 우리가 주님의 이름으로 하나님께 기도해서 얻지 못할 것은 아무것도 없을 것입니다. 나 자신을 하나님의 뜻에 굴복시키는 것이 바로 기도의 생명이요, 기도 응답의 열쇠입니다. 그것은 하나님 앞에서 우리 마음의 무릎을 꿇는 '절대 복종의 태도'(절대 겸손)입니다.

한편 기도 응답의 가장 큰 장애물은 바로 '나 자신'입니다. 히브리서 기자는 예수님이 "육체에 계실 때에 자기를 죽음에서 능히 구원하실 이에게 심한 통곡과 눈물로 간구와 소원을 올렸고 그의 경건하심으로 말미암아 들으심을 얻었느니라"(히 5:7)라고 말했습니다.

우리는 기도할 때 육신의 무릎을 꿇을 뿐 아니라 우리 '마음의 무릎'을 하나님 앞에 꿇어야 합니다.

"주여, 말씀하옵소서. 이 종이 듣겠나이다."

그러나 "나의 원대로 마시옵고 아버지의 원(뜻)대로 하옵소서"라고 기도할 수 있어야 합니다.

"너희가 내 안에 거하고 내 말이 너희 안에 거하면 무엇이든지 원하는 대로 구하라 그리하면 이루리라"(요 15:7).

"사랑하는 자들아 만일 우리 마음이 우리를 책망할 것이 없으면 하나님 앞에서 담대함을 얻고 무엇이든지 구하는 바를 그에게서 받나니 이는 우리가 그의 계명을 지키고 그 앞에서 기뻐하시는 것을 행함이라"(요일 3:21-22).

8장

예수님의 긍휼

(마 9:36-38)

예수님은 모든 도시와 마을에 두루 다니며 천국 복음을 전파하실 때 목자 없는 양같이 고생하며 기진한 무리를 보고 불쌍히 여기셨습니다(마 9:36). 여기서 '불쌍히 여긴다'라는 말은 헬라어 원문에 의하면 강한 동정심을 나타내는 말로서, '창자'나 '내장'을 의미하는 '스프라흐나'(splachna)라는 명사에서 유래했습니다.

예수님은 모든 질병과 약한 것들로 인해 고통당하는 무리를 보실 때 그분의 온 내장이 흔들리는 듯한 동정심을 가지고 움직이셨습니다. 그래서 모든 병든 자와 맹인들을 고쳐 주셨습니다(마 14:14, 20:34).

또한 예수님은 이 세상의 질병으로 인한 고통과 죽음의 슬픔과 굶주림과 외로움으로 인해 동정심이 발동하셨습니다. 그래서 나인성 과부의 죽은 외아들을 살려 주셨습니다(눅 7:11-15).

그리고 지치고 굶주린 무리를 보실 때도 동정심이 발동하셨습니다 (마 15:32). 그래서 떡 7개와 생선 2마리를 가지고 축사하시고 나누어 주시니 4,000명이 넘게 먹고 7개의 광주리 가득 남았습니다.

뿐만 아니라 예수님은 사회로부터 버림받은 외로운 나병 환자들을 보실 때 마음에 동정심이 발동하셔서 그들을 고쳐 주셨습니다(막 1:41).

예수님은 이 세상의 어리둥절함과 당황케 함에 동정심이 발동하기도 하셨습니다. 예수님 당시 서기관들과 바리새인들, 제사장들과 사두개인들 같은 정통 종교의 지도자들은 일반 백성을 지도하지도, 동정하지도, 격려하지도 않았습니다. 그래서 일반 백성은 당황한 나머지 절망적으로 하나님을 동경했습니다. 예수님은 그런 그들을 불쌍히 여겨 격려하셨고, 그들의 무거운 짐을 덜어 주셨습니다.

이렇듯 예수님은 곧 '긍휼의 화신'이라고 해도 과언이 아닙니다. 이러한 예수님의 긍휼은 우리 죄인들의 잘못을 용서하시는 '관용'으로 이어집니다. 예수님은 마지막 십자가상에서도 하나님 아버지께 영적 무지로 인한 죄인들의 잘못을 용서해 달라고 기도하셨습니다.

사도 바울은 그리스도인의 덕목에 관해 말하면서 "너희 관용을 모든 사람에게 알게 하라 주께서 가까우시니라"(빌 4:5)라고 권면했습니다.

우리가 다른 사람을 긍휼히 여기는 마음으로 그들의 잘못을 용서해야 하는 이유는 심판주이신 주님이 마지막 날 우리를 심판하실 때 우리가 이 땅에 사는 날 동안 '주님을 위해 얼마나 많은 일을 했느냐'보다 '주님처럼 얼마나 다른 사람을 긍휼히 여기며 그들의 잘못을 용서하는 삶을 살았느냐를 보실 것이기 때문입니다.

그래서 야고보 사도는 야고보서 2장 12-13절에서 "너희는 자유의 율법대로 심판받을 자처럼 말도 하고 행하기도 하라 긍휼을 행하지 아니하는 자에게는 긍휼 없는 심판이 있으리라 긍휼은 [심지어] 심판을 이기고 자랑하느니라"라고 말했습니다.

"긍휼히 여기는 자는 복이 있나니 그들이 긍휼히 여김을 받을 것임이요"(마 5:7).

두 발로 걸어라

조화와 균형 있는 믿음[20]

부록

1. 말씀의 현장과 삶의 현장
2. 이성과 신앙
3. 회개와 용서
4. 믿음과 행함
5. 은혜와 은사
6. 영과 육의 문제
7. 긍지와 겸손
8. 절약과 인색함
9. 말씀과 기도
10. 예배와 삶
11. 관대함과 타협
12. 에서형의 신자와 야곱형의 신자
13. 누리는 것과 베푸는 것
14. 화평함과 거룩함
15. 다윗과 훗리앗의 처세술
16. 성령과 주님의 계명_ 임마누엘

1
말씀의 현장과 삶의 현장

　사람은 땅을 걸어갈 때 두 발로 걸어야 안정되게 걸을 수 있습니다. 마찬가지로 우리의 신앙생활도 두 발로 걸을 때 안정된 삶을 살아갈 수 있습니다.
　이스라엘의 초대 지도자 모세는 이스라엘 백성을 광야에서 인도해 갈 때 하나님과 가까워지면 이스라엘 백성과 너무 멀어지고, 한편 이스라엘 백성과 가까워지면 하나님과 점점 멀어지기에 둘 사이에서 딜레마에 빠질 수밖에 없었습니다.
　이것은 오늘날 우리에게 나타나는 현상과도 같습니다. 하나님과 가까워지면 현실과 너무 멀어지고, 한편 현실과 가까워지면 하나님과 점점 멀어지는 일을 경험하게 됩니다. 여기에 우리의 고민과 갈등이 있습니다.

베드로는 변화산에서 주님의 변화된 영광스러운 모습을 보고 매우 좋아서 주님을 향해 "주여 우리가 여기 있는 것이 좋사오니 만일 주께서 원하시면 내가 여기서 초막 셋을 짓되 하나는 주님을 위하여, 하나는 모세를 위하여, 하나는 엘리야를 위하여 하리이다"(마 17:4)라고 말했습니다. 그때 홀연히 빛난 구름이 그들을 덮으며 구름 속에서 소리가 났습니다.

"이는 내 사랑하는 아들이요 내 기뻐하는 자니 너희는 그의 말을 들으라"(마 17:5).

그 후 베드로, 야고보, 요한 세 제자는 주님과 함께 산 아래로(현실로) 내려갔습니다.

모세는 하나님과 이스라엘 백성 사이에서 갈등이 생겼을 때 하나님의 편에만 서지 않았으며, 한편 이스라엘 백성 편에만 서지도 않았습니다. 다만 그는 하나님의 '말씀의 현장'에 한 발을 딛고, 또한 그가 속해 있는 오늘의 '삶의 현장'에 한 발을 딛고서 두 발로 걸어갔습니다. 그때 모세는 하나님과 멀어지지 않았을 뿐 아니라 이스라엘 백성과도 결코 멀어지지 않을 수 있었습니다.

하나님의 말씀과 삶의 현실, 이 둘은 결코 우리가 무시해서는 안 되는 필수적인 요소들입니다. 어느 하나 중요하지 않은 것이 없습니다. 그럼에도 불구하고 때로 우리는 우리 삶의 현실 문제 때문에 말씀의 현실을 무시해 버리기도 하고, 또 한편으로 하나님의 말씀과 현실의 괴리감 때문에 하나님의 말씀의 능력을 간과해 버리기도 합니다.

그러나 '하나님의 말씀'은 인간의 경험 중에 경험이요, 인간의 지식 중에 지식으로서, 결국 인간이 모든 시행착오를 겪은 다음에 도달하게 되는 궁극적인 지식이요, 궁극적인 경험이며, 영원 불변의 진리입니다. 인간의 지식이나 경험은 불완전한 반면에, 하나님의 말씀은 절대 완전하기 때문입니다.

그러므로 하나님의 말씀에 몰두한 나머지 현실의 중요성을 무시하는 것은 건전한 신앙이 아니며, 현실의 삶에 몰두한 나머지 하나님의 말씀을 멸시하는 것도 건전한 신앙이 아닙니다. 우리의 한 발은 말씀의 현장에 딛고, 한 발은 삶의 현장에 딛고서 삶의 현실을 말씀의 현실로 이끌어 갈 때 우리는 가장 힘 있고 건강한 믿음의 삶을 살아갈 수 있습니다.

또한 우리는 하나님을 사랑할 때 하나님의 말씀을 능히 지킬 수 있습니다.

> "오직 그 말씀이 네게 매우 가까워서 네 입에 있으며 네 마음에 있은즉 네가 이를 행할 수 있느니라"(신 30:14).

> "하나님을 사랑하는 것은 이것이니 우리가 그의 계명들을 지키는 것이라 그의 계명들은 무거운 것이 아니로다"(요일 5:3).

2

이성과 신앙

초대 교부 시대에 "예루살렘과 아테네가 무슨 상관이 있느냐?"라는 말이 유행했다고 합니다. 다시 말해서 "신앙과 이성이 무슨 상관이 있느냐?"라는 말입니다. 한편 이 말은 기독교와 일반 문화의 관계를 말해 주는 것이기도 합니다.

미국 프린스턴 신학교의 창립자인 그레샴 메이첸(J. Gresham Machen)은 그의 저서 『기독교와 문화』(Christianity and Culture)에서 기독교와 일반 문화를 3가지 관계로 말했습니다.

첫째는 서로 상반된 관계로 보는 견해입니다. 소위 '반(Anti)의 관계'인데, 종교개혁 이전입니다. 신앙적인 독선과 과학에 대한 무지와 정죄 때문에 기독교와 일반 문화를 서로 상극(적)으로 보는 견해입니다.

둘째는 기독교를 일반 문화의 일부분(part)으로, 즉 '예속의 관계'로 보는 견해입니다. 이것은 르네상스 이후 인본주의 사회에서 기독교를 보는 견해입니다. 기독교의 범위를 인간의 이성으로 한없이 축소시킨 것입니다.

셋째는 기독교를 죄로 인해 왜곡되고 훼손된 것을 바르게 하고 보충해 마침내 온전히 '완성(completement)하는 단계'로 보는 견해입니다. 이것은 기독교의 성경적 입장에서 보는 견해입니다. 그러므로 신앙과 이성은 서로 무관한 것이 아니라 긴밀한 관계를 맺고 있습니다.

신앙 없이 인간의 이성으로만 세상을 살아가려는 사람은 마치 풀 한 포기 없는 광야와 같이 '생명력'이 없습니다. 한편 믿음만을 강조하면서 인간의 이성을 무시할 때 우리는 우리가 처한 현실에 잘 적응하지 못하는 '병약한 인생'을 살게 됩니다.

인간의 이성은 성경과 신앙의 조명을 받을 때 비로소 제 역할을 하게 됩니다. 합리적인 신앙은 독선적인 신앙보다 훨씬 더 많이, 훨씬 더 넓게 설득력이 있습니다. 신앙이 없는 이성, 이성을 무시한 신앙은 둘 다 잘못된 것입니다.

3

회개와 용서

우리의 신앙이 하나님과 사람들 앞에서 거리낌 없이 담대하고 힘이 있으려면 반드시 두 가지, 즉 '참된 회개'와 '진정한 용서'가 있어야 합니다. 전자는 하나님과의 관문을 여는 것이요, 후자는 인간과의 관계의 문을 여는 것입니다. 그때 우리 기도의 문이 활짝 열립니다. 그렇다면 참된 회개란 무엇이며, 진정한 용서란 어떤 것입니까?

어떤 사람은 죄를 회개한 후에도 같은 죄를 반복해서 짓습니다. 또 어떤 사람은 죄를 용서한 후에도 계속 상대의 죄에 대해 따져 묻습니다. 그러나 참으로 회개한 사람은 동일한 죄를 고의적, 의도적으로 반복해서 짓지 않습니다. 그리고 진정으로 죄를 용서한 사람은 아무런 조건 없이 용서했기에 다시는 죄를 따져 묻지 않습니다.

그 이유는 예수님이 우리의 죄를 그렇게 용서하셨기 때문입니다. "일곱 번을 일흔 번까지라도 용서하라"라는 말씀(마 18:22)은 "죄를 따져 묻지 말고 무조건적으로 무한히 용서해 주라"라는 의미입니다.

죄는 우리의 구원을 무효로 만들 수는 없지만, 구원의 기쁨과 구원의 확신을 빼앗아 갈 수는 있습니다(시 51:12). 그러므로 우리는 죄를 회개한 후에 계속해서 동일한 죄를 반복해서 범하지 말아야 합니다.

거듭난 사람은 고의적으로(의도적으로) 죄를 범하지 않습니다(요일 3:6). 그러나 절대로 죄를 짓지 않는다거나, 혹 연약해서 죄를 범하지 않는다는 말은 아닙니다. 참된 회개와 진정한 용서는 영적인 순결을 회복하고 영적인 긴장을 풀어 줌으로 말미암아 우리에게 담력과 힘을 가져다줍니다. 그래서 예수님은 주기도문을 전후로 거듭거듭 죄에 대한 용서를 강조하셨습니다(마 6:12 14).

4

믿음과 행함

(약 2:22-24)

믿음과 행함은 서로 따로 있는 것이 아니라 하나입니다. 믿음이 나무의 '뿌리'라면, 행함은 동일한 나무에 열린 '열매'입니다. 이 둘은 서로 절대 분리할 수 없습니다. 믿음이 있는 사람은 반드시 삶의 열매(행함)로 나타나야 합니다. 만일 그렇지 않다면 그 믿음은 죽은 믿음입니다.

"영혼 없는 몸이 죽은 것같이 행함이 없는 믿음은 죽은 것이니라"(약 2:26).

하나님은 아브라함이 하나님을 믿으니 이것을 의로 여기셨습니다. 하지만 사람들은 그가 실제로 하나님을 경외하는 의인인지 아닌지 잘 모릅니다. 그가 실제로 모리아산에서 아들 이삭을 번제로 드리는 모습(행함)을 볼 때 참으로 하나님과 친밀한 의인인 줄 알게 되었습니다. 이로 보건대 믿음은 행함과 함께 일하고, 행함으로 믿음이 온전해집니다(약 2:22).

또한 기생 라합은 하나님이 보내신 이스라엘 정탐꾼들을 믿음으로 영접할 때 이미 의롭다 하심을 받았습니다. 하지만 이스라엘 백성이 여리고성을 침노했을 때 정탐꾼들과 약속한 대로 성 아래로 붉은 줄을 길게 늘어뜨림으로 말미암아 실제로 멸망에서 구원받은 의인이 되었습니다.

교리적으로 볼 때 로마서는 '야고보서의 뿌리'라고 할 수 있습니다. 이 둘은 서로 분리해서는 안 됩니다. 로마서라는 뿌리에서부터 야고보서의 행함의 열매가 맺히는 것입니다. 믿음과 행함을 서로 분리하는 데서 인간의 온갖 외식이 싹틉니다. 바리새인들은 하나님에 대한 믿음과 말씀을 서로 분리함으로 말미암아 '외식'과 인간의 '무기력함'에 빠졌습니다.

우리에게 실제로 믿음이 있을 때 행함의 열매가 작게 혹은 크게, 빠르게 혹은 느리게, 많이 혹은 적게 나타날 수 있습니다. 하지만 열매가 전혀 나타나지 않는다면 그것은 죽은 믿음입니다.

사랑에 의한 믿음이 행함으로 나타날 때도 있지만, 때로는 행함으로 믿음이 성기기도 하고 더욱더 온전해집니다. 불완전한 데서 더욱더 확실하고 성숙한 믿음에 이르게 됩니다.

그러나 원칙상 행함은 믿음에 뿌리를 두고 자라며, 믿음은 행함으로 마침내 온전함에 이릅니다. 이 둘은 서로 상호 보완의 관계에 있습니다.

비근한 예로, '신앙'과 '노동'은 서로 불가분리의 관계에 있습니다. 일(노동)을 함으로써 우리의 믿음이 현실에서 매우 건전하고 실제화 되는 반면, 일하지 않고 마음으로만 믿으면 우리의 믿음이 공중누각처럼 되어 버립니다. 노동은 우리 신앙의 나태와 부패를 방지할 뿐 아니라, 우리의 정신적 공허함을 막아 줍니다. 노동은 신성한 것입니다.

5

은혜와 은사

우리가 잘 아는 대로 사도 바울은 사도의 직분만이 아니라 하나님의 은혜를 함께 받았으며, 갖가지 은사 역시 받았습니다(롬 1:5). 그래서 그는 유대인들과 이방인들을 위해 광범위하게 들어 쓰임을 받았습니다.

그리스도인으로서 살아가면서 혹자는 '은혜'를 강조하고, 혹자는 '은사'를 강조합니다. 그러나 은혜가 없이 은사만을 강조할 때 '무례한 사람'이 되기 쉽고, 한편 은사가 없이 은혜만을 강조할 때 '무능한 사람'이 되기 쉽습니다.

고린도 교회는 갖가지 은사가 있었으나 은혜가 없어서 초대 교부 시대까지 매우 말썽이 많고 혼란한 교회였습니다. 그래서 사도 바울은 고린도 교회에 보내는 편지의 전후반부에서 '복음의 은혜'를 강조했습니다(고전 1:30, 15:1-4). 또한 그는 "누가 너를 남달리 구별하였느냐 네게 있는 것 중에 받지 아니한 것이 무엇이냐 네가 받았은즉 어찌하여 받지 아니한 것같이 자랑하느냐"(고전 4:7)라고 말했습니다. 우리에게 있는 모든 것은 다 하나님께로부터 받은 것이니 아무것도 자랑할 것이 없다는 뜻입니다.

지상에는 크게 두 종류의 '신령한 교회'가 있습니다. 고린도 교회처럼 은사 면에서 '육적으로 신령한 교회'와 안디옥 교회나 베뢰아 교회, 데살로니가 교회, 빌라델비아 교회처럼 은혜 면에서 '영적으로 신령한 교회'입니다. 은사가 '마차'라면 은혜는 그 마차를 끌고 가는 '말'(馬)에 비유할 수 있습니다.

사도 바울은 고린도전서 12장에서 갖가지 은사에 관해서 말했고, 이어지는 14장에서는 그 은사의 활용 방법에 관해 말했습니다. 그리고 중간인 13장 '사랑 장'에서는 은사의 활용 원리라고 할 수 있는 '사랑'에 관해 길게 논했습니다. 그리고 14장 1절 상반 절에서 이 모든 은사를 위해 무엇보다도 "사랑을 추구하라"라고 말했습니다. 왜냐하면 사랑은 모든 은사의 목적이요, 핵심 원리이기 때문입니다.

은사를 무시하는 것은 곧 은사를 나누어 주신 성령을 무시하는 행위입니다. 방언의 은사도 성령이 주신 것입니다. 또한 은혜를 소홀히 여기는 것은 성령을 섭섭하게 해드리는 일입니다. 성령은 비둘기처럼 온유하신 분으로서 쉽게 마음이 상하십니다.

마틴 로이드 존스는 그의 책 『요한일서 강해(4)-하나님의 사람』에서 "성령 충만한 성숙한 그리스도인의 신앙의 특징은 '조화'(harmony)와 '균형'(balance)인 반면에, 이단의 특징은 한쪽으로 치우침"[21]이라고 말했습니다. 우리는 힘 있고 조화와 균형 있는 신앙을 위해 은혜와 은사, 그 어느 면에도 치우치지 말아야 합니다.

6

영과 육의 문제

보이는 이 지상에서 일어나고 있는 크고 작은 모든 일은 보이지 않는 하늘나라 '천상 회의'에서 결정됩니다. 비근한 예로, 욥이 이 땅에서 당한 시험과 환란은 하늘나라 천상 회의에서 이미 의논되고 결정된 것이었습니다(욥 1:6-12). 사탄이 욥을 시험하려고 할 때 하나님은 사탄에게 한계를 정하셨습니다.

"내가 그의 소유물을 다 네 손에 맡기노라 다만 그의 몸에는 네 손을 대지 말지니라"(욥 1:12).

또한 이 땅에서 일어나는 우리 육신의 모든 문제는 하나님과 우리의 '영적인 관계'에 의해 좌우됩니다. 우리는 보이는 현상 세계에 관심이 더 많습니다. 하지만 현상 세계에서 일어나는 크고 작은 모든 일은 보이지 않으시는 하나님과의 관계에 의해 호전되기도 하고 쇠퇴하기도 합니다.

지혜로운 사람은 근본적인 문제(하나님과의 관계)를 먼저 생각하지만, 어리석은 사람은 이 세상 육신의 일에 관심이 더 많습니다. 후자는 수시로 바뀌지만, 전자는 언제나 일정하며, 바뀌지 않고, 한 방향을 향해서 흐릅니다. 그래서 지혜로운 사람은 늘 하나님을 전심으로 사랑하면서 어떠한 경우에도 그분만을 깊이 신뢰합니다.

전도서 기자는 "형통한 날에는 [하나님을] 기뻐하고 곤고한 날에는 [자신을] 되돌아 보아라"(전 7:14)라고 말했습니다. 육신의 일이 잘되지 않고 자꾸만 꼬일 때 우리는 심층으로 내려가서 '하나님과의 관계'를 철저히 점검해 보아야 합니다. 그 매듭이 풀릴 때 지상에서의 육신의 문제가 이미 해결되어 있는 것을 발견하게 됩니다.

구약 시대 광야의 이스라엘 백성처럼 아직도 많은 그리스도인이 '육체적'으로는 출애굽을 했으나 '영적'으로는 출애굽하지 못한 것을 봅니다. 이스라엘 백성은 비록 육체적으로는 출애굽을 했지만 영적으로는 출애굽하지 못했기 때문에 광야에서 고난당할 때마다 뒤를 돌아보면서 하나님을 원망하고 애굽의 살진 고기와 부추를 자꾸만 열망했습니다. 그들은 모두 한결같이 40년간 고생은 고생대로 하고 광야에서 허무하게 쓰러져 죽고 말았습니다.

복음을 믿고 구원을 받은 후에도 우리의 가치관(눈)이 "돈 없이는 살 수 없다"라는 이 세상의 '물질적인 가치관'에 머물러 있으며, "하나님 없이는 살 수 없다"라는 '영적인 가치관'으로 바뀌지 않는 모습을 발견하게 됩니다. 과거 그리스도 밖에서의 물질적인 가치관이 영적인 가치관으로 바뀔 때 비로소 우리는 영적인 면에서 출애굽을 하게 됩니다.

이와 같이 우리의 물질적인 가치관이 영적인 가치관으로 바뀌기 위해 우리는 아브라함처럼 물질적으로 아무것도 없는 '제로의 상태'에서 물질보다 하나님을 선택하는 일생일대의 모험을 반드시 한 번은 치러야 합니다.

아브라함은 기근으로 인해서 하나님이 그에게 기업으로 주신 땅이 하루아침에 빨갛게 황무지로 변해 버린 절망적인 상황에 처했습니다. 그때 그는 돈 한 푼 없는 빈털터리가 되었습니다. 아브라함은 '제로의 상태'에서 하나님을 추구하는 영적인 욕망이 돈을 추구하는 물질적인 욕망보다 더 강해지게 하기 위해 물질보다 하나님을 선택하는 모험을 감행했습니다. 그때 비로소 영적으로 출애굽을 하게 되었던 것입니다. 이것은 믿음의 조상 아브라함을 따라가는 모든 그리스도인이 반드시 걸어가야 하는 길이기도 합니다.

7

긍지와 겸손

최초에 하나님은 우리 인간을 하나님보다 조금 못하게 창조하시고 존귀와 영화로 그 머리에 관을 씌워 주셨습니다(시 8:4-5). 그러므로 인간은 하나님의 형상을 닮은 자로서 반드시 '긍지'를 가져야 합니다. 이것을 다른 말로, '그리스도인의 자존심'이라고 할 수 있습니다.

율법은 "그리스도인은 죄를 범해서는 안 된다"라고 말합니다. 그러나 복음은 "그리스도인에게는 죄가 어울리지 않는다"라고 말합니다. 즉 죄는 그리스도인의 자존심을 깎아내리는 행동이라고 말합니다.

그러나 하나님은 인간을 하나님과 동등하게 창조하시지 않았습니다. 그러므로 우리는 긍지를 가져야 하지만 아담처럼 인간의 한계를 넘어서 절대 교만해서는 안 됩니다. '선악과'는 하나님과 인간의 절대

경계선입니다. 이 경계를 아는 것이 바로 인간의 겸손입니다. 그리고 겸손은 인간의 최고 미덕입니다.

중세의 성 어거스틴은 그리스도인의 미덕 가운데 첫째도 겸손이요, 둘째도 겸손이며, 셋째도 겸손이라고 했습니다. 그만큼 겸손하기가 어렵기 때문입니다. 심지어 겸손은 부도, 영광도, 생명도 얻게 해줍니다(잠 22:4).

한편 피조물인 우리는 반드시 하나님 앞에서 절대 겸손해야 하지만 '열등의식'을 가져서는 안 됩니다. 교만과 열등의식은 실상은 서로 같은 것으로서, '표리의 관계'입니다. 교만한 사람은 그만큼 열등의식이 강합니다. 교만이 겉이라면 열등의식은 그 속입니다. 열등의식은 우리의 일생을 소극적이고, 부정적이고, 비극적으로 만들어 버립니다.

열등의식과 겸손은 본질적으로 서로 다릅니다. 열등의식은 자기 사랑과 자기 교만으로부터 온 것이지만, 겸손은 하나님 사랑에서 옵니다.

# 8

절약과 인색함

 절약과 검소함은 무엇보다도 자기 자신을 향해 요구되는 것입니다. 그러나 '인색함'은 타인을 향해 나의 이기심을 나타내는 것으로서, '탐심'의 또 다른 일면입니다. 탐심이 보이지 않는 내면이라면, 인색함은 보이는 표면입니다.

 절약과 검소함은 미덕에 속한 것으로서 상대방의 마음에 평안과 기쁨을 주지만, 인색함은 추악한 것으로서 상대방의 마음에 오물을 끼얹습니다. 자기를 위해서는 큰 것을 남기고, 상대방을 위해서는 아주 작은 것을 주면서도 아주 큰 것을 주는 양 과장을 합니다.

 인색함은 물질이 적은 데서 생기는 것이 아니라, 물질을 하나님보다 더 사랑하는 탐심에서 생깁니다. 그리고 "탐심은 우상 숭배"(골

3:5)입니다. 우리가 탐심을 가질 때 우리는 물질이라는 우상을 섬기고 있는 것입니다.

하나님의 부요하심을 알고, 하나님 한 분만으로 만족하는 사람은 '지족하는 지혜'를 가지고 있습니다. 그는 하나님이 주신 것보다 우리의 모든 것의 모든 것 되시는 '하나님 자신'으로 인해 만족합니다. 아브라함과 욥이 그러했습니다.

검소하고 절약하는 사람은 하나님의 신실하신 공급을 믿습니다. 그는 하나님이 주신 것으로 사치하거나 낭비하지 않습니다. 또한 아무리 바쁘고 어려울 때라도 하나님이 그분을 믿는 자들의 몫을 따로 챙겨 두신다는 사실을 믿습니다. 자기 자신을 위해서는 그야말로 인색하리만큼 검소하지만, 다른 사람을 위해서는 때로 낭비하듯이 풍성히 베풉니다. 사도 바울이 그러했습니다 (고후 12:15).

그러므로 검소함은 '부요함'의 또 다른 일면입니다. 인색한 사람은 절약이라는 가면으로 자신의 탐심을 가리려고 하지만 얼마 가지 않아서 본색이 드러나고 맙니다.

9

말씀과 기도

(행 6:4; 딤전 4:5)

우리의 신앙이라는 열차는 '말씀'과 '기도'라는 두 개의 궤도를 따라 힘차게 달려갑니다. 성령 안에서 하나님의 말씀과 기도의 삶에 전념할 때 우리의 신앙생활은 가장 힘차게 하나님과 세상을 향해 앞으로 나아갈 수 있습니다. 그곳에 지름길이란 없습니다.

하나님의 말씀이 없이 기도만을 강조할 때 우리는 불건전한 신비주의에 빠지기 쉽고, 한편 기도가 없이 하나님의 말씀만을 강조할 때 영적인 무기력증에 빠지며 영적으로 건조하고 나약한 자가 됩니다.

'원칙상 하나님의 말씀이 기도보다 먼저'입니다. 왜냐하면 하나님의 말씀 속에 기도하는 방법이 명시되어 있기 때문입니다. 그러나 우리가 신앙생활을 하면서 깨닫게 되는 것은 '실질상으로는 기도가 말씀보다 먼저라는 것'입니다. 왜냐하면 기도하지 않고는 성령의 능력을 받을 수 없고, 하나님의 말씀 가운데 어느 것 하나도 지킬 수 없기 때문입니다.

우리의 신앙생활에 있어서 하나님의 말씀과 기도보다 더 급하고, 더 중요한 것은 없습니다. 우리는 오직 하나님의 말씀과 기도로만 거룩해집니다(딤전 4:5). 물로 씻어 말씀으로 거룩해지고 회개하며 흘리는 눈물의 기도를 통해 우리 영혼에 사무쳐 있는 죄악을 빨아 냅니다.

그러나 우리의 건전한 믿음을 위해 말씀과 기도는 언제나 병행되어야 합니다(잠 28:9). 초대교회의 사도들이 말씀과 기도를 제쳐 놓고 구제에 빠졌을 때 교회는 방향과 힘을 잃고 큰 혼란에 빠질 수밖에 없었습니다. 또한 교회가 말씀과 기도를 통해 성령의 능력을 받지 못하면 신성한 하나님의 방법 외에 인간적인 세상 방법을 의지하게 되는데, 그때 교회 안에 성령에 의한 영적 흐름이 차단되고 맙니다. 우리의 신앙은 성령 안에서 말씀과 기도로 하나님과 교제할 때만 영적인 힘을 얻을 수 있습니다.

주님이 이 세상을 떠나시면서 우리의 건전한 신앙생활을 위해 남겨 놓으신 두 가지는 주님의 말씀(요 14:21)과 기도의 특권입니다(요 16:24). 우리는 이 특권들을 통해 지금도 주님이 우리와 함께하심을 경험하게 됩니다. 즉 임마누엘의 하나님을 체험합니다. 우리의 신앙생활에 이보다 더 큰 기쁨과 위로와 힘이 되는 것은 없습니다.

말씀을 통한 하나님의 은혜는 원수까지도 굴복시키며, 기도는 모든 장애물을 넘어서 하나님과 교제할 수 있도록 해줍니다(행 12:5, 17). 예수님은 공생애 초기에는 회당과 성전에서 '진리 지식의 훈련'을 시키셨으며, 후반기에는 주로 '기도의 훈련'을 시키셨습니다. 그분은 제자들이 기도를 통해 주님이 하신 일보다 더 큰 일을 하게 될 것이라고 말씀하셨습니다.

"내가 진실로 진실로 너희에게 이르노니 나를 믿는 자는 내가 하는 일을 그도 할 것이요 또한 그보다 큰 일도 하리니 이는 내가 아버지께로 감이라"(요 14:12).

10

예배와 삶

(시 50:5; 요 4:20-24)

예배는 그리스도인의 삶의 일부가 아니라 그리스도인의 삶의 전부요, 핵심이요, 본질이요, 목적이요, 생명으로서, 그리스도인의 삶을 풀어 나가는 열쇠가 됩니다.

우리의 삶 전체가 곧 하나님께 대한 예배로서, 율법이 있기 전부터 이미 예배가 있었습니다. 그러므로 그리스도인은 언제 어디서나 항상 하나님께 예배하는 삶을 살아야 합니다(요 4:20, 23). 그렇지 않으면 우리는 이중적인 삶을 살아가는 외식주의자가 되기 쉽습니다.

예배는 하나님과 그분을 믿는 성도들 사이에 이루어진 거룩한 약속입니다. 시편 기자는 "이르시되 나의 성도들을 내 앞에 모으라 그들은 제사로 나와 언약한 이들이니라 하시도다"(시 50:5)라고 말했습니다. 미국의 그레이스 커뮤니티(Grace-Community) 교회 담임목사인 존 맥아더(John MacArthur)는 『예배』라는 그의 책 서두에서 "예배와 그리스도인의 관계는 비유컨대 '시계와 태엽의 관계'와 같이 서로 불가분리의 관계에 있다"[22]라고 말했습니다. 회중시계는 매일, 아니면 며칠에 한 번씩 밥을 주지 않으면(시계의 태엽을 감아 주지 않으면) 그만 멈춰서 버립니다. 이와 같이 그리스도인의 삶은 예배에 의해 잘 풀리기도 하고 꼬이기도 합니다.

심지어 우리 자신의 일생이 예배에 의해서 결정되기도 합니다. 우리는 성경에서 가인과 아벨의 일생이 그들이 드린 예배에 의해 서로 극과 극으로 달라진 것을 볼 수 있습니다(창 4장). 그러므로 그리스도인은 오직 예배에 올인(All in)해야 합니다.

참된 그리스도인의 삶은 은밀한 중에 계시는 '하나님의 임재'를 인식하는 예배에서 시즈됩니다. 그래서 참으로 훌륭한 믿음의 삶을 살았던 사람들은 언제 어디서나 예배를 그들의 삶에 있어서 최우선으로 삼고 살았음을 보게 됩니다. 아브라함과(창 12:7) 이삭과 야곱의 삶이 그러했으며(창 28:16-19), 욥이나 모세의 삶이 그러했습니다(출 33:7-11).

아브라함은 어디를 가든지 하나님께 제단을 쌓는 삶을 살았으며, 야곱은 브엘세바 광야에서 처음으로 하나님의 임재를 깨닫고 아침에 일찍 일어나 베개로 삼았던 돌을 가져다가 기둥으로 세우고 기름을 붓고 하나님을 경배한 후 그곳 이름을 '벧엘'이라 불렀습니다. 또한 모세는 고달픈 광야의 길을 걸어가면서도 예배드리는 삶을 살았습니다.

"모세가 항상 장막을 취하여 진 밖에 쳐서 진과 멀리 떠나게 하고 회막이라 이름하니 여호와를 앙모하는 자는 다 진 바깥 회막으로 나아가며"(출 33:7).

많은 그리스도인이 '엿새 동안에는 열심히 육신의 일을 하고 주일에는 하나님께 나아가 예배해야 한다'라고 생각하며, 또한 그렇게 생활하고 있습니다. 그러나 성경은 "이레의 모든 삶이 곧 예배하는 삶이 되어야 한다"라고 말합니다(롬 12:1). 그때 우리는 표리가 다른 이원론적인 삶을 살지 않게 됩니다.

물론 우리는 주일에 온종일 오로지 하나님만을 예배하면서 하루를 보내야 합니다. 그때 정상적인 그리스도인의 삶을 살아갈 수 있습니다. 하루의 예배가 엿새의 삶을 위해 있으며, 또한 엿새의 삶이 하루의 예배를 위해 있습니다. 둘은 서로 불가분리의 관계에 있습니다.

하나님이 받으시는 진정한 예배에는 반드시 두 가지가 있어야 합니다. 하나는 성령의 감동에 의한 우리 심령의 '뜨거움'이고, 또 하나는 성령의 조명에 의한 진리의 밝은 '깨달음'입니다. 열정만 있고 진리가 없는 예배나, 진리는 있으나 영적인 뜨거움이 없는 예배는 둘 다 하나님이 받지 않으십니다. 사마리아인들의 광신적인 예배와 유대인들의 황폐하고 생기 없는 전통적인 형식주의의 예배가 바로 그러했습니다.

우리가 다윗처럼 상하고 통회하는 마음으로 하나님을 예배할 때 하나님이 다시금 '은혜'와 '은총'을 우리의 심령에 드리워 주시고 우리의 영혼을 새롭게 '소생'시키시는 것을 체험하게 됩니다(시 51:17).

그러나 대부분의 그리스도인이 성령에 의해 죄 자체를 깨닫고 죄를 슬퍼하기보다는 현실의 고통 때문에 자신의 죄로 인한 불행을 슬퍼하는 데서 끝나 버리는 것을 봅니다. 이로 인해 우리의 삶에 고통과 비극이 끊이지 않고 계속되는 것입니다.

우리는 하나님께 범죄했을 때에라도 다윗처럼 인간의 체면이나 명예보다 어린아이와 같이 순진한 마음으로 '진실'을 선택할 수 있어야 합니다. 내가 범한 죄를 징검다리 삼아 어린아이처럼 천진난만한 모습으로 첨벙첨벙 하나님께 달려 나가 그분의 넓은 가슴에 얼굴을 파묻고 뜨거운 회개의 눈물을 쏟아부어야 합니다. 상한 마음을 가지고 죄 자체를 슬퍼하는 눈물이 마르지 않아야 합니다.

그러기 위해서는 성경에 의해 예수님과 세례 요한처럼 죄의 본질을 알아야 합니다(요 16:8-9). 그때 하나님이 우리를 떠나지 않으시고 여전히 우리와 함께하시면서 우리의 심령을 다시금 새롭게 소생시키실 뿐 아니라 신령한 '지혜의 비밀'을 깨닫게 해주십니다. 그래서 다윗은 성령의 계시로 시편 119편을 통해 하나님의 '말씀의 영광'을 유감없이 드러낼 수 있었던 것입니다.

"보소서 주께서는 중심이 진실함을 원하시오니 내게 지혜를 은밀히 가르치시리이다"(시 51:5).

이사야 선지자는 성령의 감동으로 이렇게 말했습니다.

"지극히 존귀하며 영원히 거하시며 거룩하다 이름하는 이가 이와 같이 말씀하시되 내가 높고 거룩한 곳에 있으며 또한 통회하고 마음이 겸손한 자와 함께 있나니 이는 겸손한 자의 영을 소생시키며 통회하는 자의 마음을 소생시키려 함이라"(사 57:15).

또한 우리는 예배할 때 욥처럼 현재 자신이 처한 환경이 아무리 비참하고 불행할지라도 그것을 하나님의 영광과 나 자신의 믿음을 위해 오늘 내게 가장 적합한 것으로 여기고 '감사하는 마음'으로 받아들이면서 여상히 하나님을 하나님으로서 경배해야 합니다(욥 1:20-22). 욥은 하루아침에 모든 재산과 자녀들을 잃어버린 극한 상황에서도 하나님을 원망하지 않았고, 변함없이 그분을 경배하고 찬양했습니다.

이와 같이 우리가 어떤 환경에서도(모든 환난과 역경 중에서도) 하나님을 원망하거나 불평하지 않고 변함없이 하나님을 하나님으로 믿고 끝까지 그분을 경배할 때, 마침내 모든 것을 합력해 선을 이루시는 하나님의 능력으로 말미암아 '전화위복의 순간'이 반드시 찾아오고야 맙니다. 하나님이 하나님의 때에 하나님의 능력으로 우리가 잃어버린 모든 것을 다시 회복해 주십니다.

우리는 우리의 현실이 아무리 힘들고 어려워도 하나님을 원망하거나 그분을 인간의 한계와 수준으로 끌어내리지 말고, 무한 광대하신 하나님을 원래 계신 그대로 믿고 나아가야 합니다. 그때 때가 되매 하나님이 그분의 지혜와 능력으로 하나님의 방법대로 모든 것을 원래의 상태로 회복해 주실 것입니다.

그리고 우리는 하나님께 예배할 때 아브라함처럼 하나님 앞에서 내 마음의 손을 펴서 자신이 소중히 여기는 모든 것을 다 내려놓아야 합니다. 우리가 하나님께 예배할 때 최대의 장애물이 되는 것은 바로 '나 자신'입니다. 즉 우리 자신과 우리의 필요와 이익과 축복(재물과 자식 등)을 하나님보다 '위에 놓는 것'입니다.

우리가 참으로 하나님을 하나님으로 경배하기 위해서는 아브라함처럼 하나님과 우리 자신 사이에 아무것도 가려진 것이 없이 백지 상태에서 순수한 마음으로 하나님 앞에 나아가야 합니다. 아브라함은 하나님 앞에서 물질도, 자식도, 장래에 대한 염려도 다 내려놓았습니다. 그때 아브라함은 하나님이 그의 필요를 먼저 보시고(Pre vidio) 여호와의 산에 미리 준비해 두셨다가 때가 되매 채워 주시는 '여호와 이레의 축복'을 받아 누리게 되었습니다(창 22:13-14).

우리는 우리의 '모든 것의 모든 것'(All in all) 되시는 하나님을 믿음으로 하나님 앞에 모든 것을 선한 청지기로서 다 내려놓아야 합니다. 그때 아브라함처럼 일생 동안 여호와 이레의 축복을 누리게 됩니다. 하나님은 자기의 모든 것을 드려서 하나님을 사랑하는 자들의 몫을 반드시 잊지 않고 따로 챙겨 두십니다.

하나님은 '말씀'과 '성례'에 의해 우리에게 '은혜'를 주십니다. 세례는 성령과 믿음에 의해 그리스도와 나를 실제로 연합시키는 끈입니다. 다시 말해서 '예수 죽음–내 죽음', '예수 부활–내 부활'을 믿음으로 성령에 의해 그리스도의 몸 안으로 잠겨 들어가는 것(헬라어로 '밥티조마이'; '잠기다', '잠그다'라는 뜻)이 곧 세례입니다(고전 12:13).

그에 비해서 어떤 의미에서 '성찬'은 말씀보다 더욱 '직접적'일 때가 있습니다. 그야말로 사도 요한이 말한 것처럼, 눈으로 보고 손으로 만진 바 된 말씀이라고 할 수 있습니다(요일 1:1). 그러므로 우리는 성령에 의해 참된 믿음으로 성찬에 참여했을 때 수개월 동안 설교를 들은 것 이상으로 보다 직접적인 은혜를 체험하게 됩니다. 상징적인 것이 때로 보다 영적일 때가 있습니다. 성막이 바로 그러합니다.

우리가 참된 믿음으로 '성찬'에 참여하게 되면 우리의 마음에 그리스도의 죽으심에 대한 확실한 '믿음'(마 26:26-28)과 믿음의 형제를 향한 '사랑'(고전 10:16-17)과 하늘나라에 대한 '소망'(마 26:29)이 충만해집니다. 그뿐 아니라 무엇보다도 예수 그리스도의 구속의 은혜에 대한 '감사'(Eucharist)가 흘러넘칩니다.

필자는 성찬의 능력은 물론, 심지어 애찬식을 행했을 때에도 굉장한 은혜를 체험했는데, 그때 성령이 사랑으로 '하나 되게 하심'을 깊이 실감할 수 있었습니다. 그러므로 성찬이 바로 시행되는 교회에는 반드시 믿음과 소망과 사랑과 감사가 넘쳐 나게 됩니다.

우리는 하나님을 예배할 때 아벨처럼 하나님이 기뻐 받으시는 예배를 드려야 합니다. 그러기 위해서는 예배를 드릴 때 예배의 분위기나 주위 사람들보다, 심지어 우리가 드리는 예물보다 우리의 완전한 제물이 되신 예수 그리스도만을 의지하면서 '하나님 자신'(God-himself)을 깊이 묵상해야 합니다. 존 맥아더는 그의 책 『참된 예배』에서 이렇게 말했습니다.

"우리가 예배할 때 하나님을 깊이 묵상하는 것은 마치 우리의 예배가 하나님께 적중하기 위해 방아쇠를 당기는 것과 같습니다."[23]

하나님의 선하심과 인자하심과 신실하심과 무한 광대하심과 전지전능하심 등을 깊이 음미하면서 묵상하는 것이 하나님이 기뻐하시는 예배를 드리는 비결입니다. 필자는 개인적으로 하나님의 신실하심을 가장 좋아합니다.

"여호와 만군의 하나님이여 주와 같이 능력 있는 이가 누구리이까 여호와여 주의 성실하심이 주를 둘렀나이다"(시 89:8).

"온갖 좋은 은사와 온전한 선물이 다 위로부터 빛들의 아버지께로부터 내려오나니 그는 변함도 없으시고 회전하는 그림자도 없으시니라"(약 1:17).

예배는 성령에 의해 누추하고 유한한 인간이 거룩하시고 무한 광대하신 하나님을 은밀히 만나는 '영적인 교제'입니다. 그리고 인간은 참된 예배를 통한 하나님과의 만남에 의해서만 하나님이 기뻐하시는 모습으로 실제로 조금씩 변화되어 갑니다. 전인(全人)이 변화됩니다.

11

관대함과 타협

 이따금씩 우리는 우리의 마음이 넓은 것(관대함)과 타협을 혼동할 때가 있습니다. 둘이 외형상 너무 비슷하기 때문입니다.
 그러나 '온유'와 '우유부단'처럼, 신앙의 본질상 관대함과 타협은 완전히 다른 것입니다. 관대함은 인간의 온갖 연약함과 허물을 용납하는 것인 데 반해서, 타협은 인간의 온갖 죄를 받아들이는 것입니다. 관대함은 용서를 통해 바로 세워 주지만, 타협은 진리의 본질을 흐리게 하며, 마침내 진리를 무너뜨립니다. 그러므로 타협은 '영적인 자살'이요, '느린 죽음'입니다. 타협했을 때 우리의 영이 죽는 것은 시간문제입니다.

 주님은 십자가 죽음을 통해 우리의 모든 죄를 용서하시고 모든 죄인을 품어 주실 만큼 존대하셨습니다. 하지만 원수가 베푼 신 포도주(마취제)를 마시지 않음으로 불의와 타협하지 않으셨습니다. 예수님은 광야에서 마귀에게 시험을 받으실 때 천하만국의 영광 앞에 엎드려 경배하지 않으셨습니다. 왜냐하면 그 한 번의 경배가 곧 자신의 영적인 죽음을 의미한다는 것을 잘 아셨기 때문입니다.

본디오 빌라도는 '진리의 소리'보다는 '군중의 소리'를 더 두려워함으로 말미암아 불의와 더불어 타협하고 말았습니다. 그러나 끝까지 진리만을 따라가신 주님은 결코 타협하지 않으셨습니다.

관대함은 '사랑의 온상지'인 데 반해서, 타협(우유부단함)은 온갖 '죄의 온상지'입니다. 그러므로 타협하는 자는 온갖 죄를 조장함으로 진리의 본질을 흐리게 하면서 진리를 대적합니다.

영적인 면에서 볼 때 '직접적인 대적'보다 '간접적인 타협'이 훨씬 더 악하고 무서운 것입니다. 전자는 우리의 영혼을 깨어 있게 하는 반면에, 후자는 우리의 영혼을 잠들게 하고, 마침내 죽게 만들기 때문입니다. 그러므로 영적으로 깨어 있는 자는 타협을 가장 두려워합니다. 타협은 아무리 중건한 자도 능히 죽게 하기 때문입니다.

타협하지 않기 위해서는 진리와 함께 '고난'을 받아야 합니다. 그래서 우리의 거룩한 신앙의 자존심을 지켜 내야 합니다. 이것은 우리의 신앙에 있어서 마지막 보루입니다.

관대한 자의 마음에는 주님이 주시는 안식과 평안함이 있지만, 타협하는 자의 마음에는 참된 기쁨과 안식과 담대함이 사라지고 끊임

없는 불안이 그 마음을 지배합니다.

　주님은 타협이라는 영적인 잠에서 깨어 있도록 하기 위해 때로 우리에게 고난이라는 청량제를 마시게 하십니다. 그런 의미에서 고난은 저주가 아니라 '또 하나의 축복'입니다.

12

에서형의 신자와
야곱형의 신자

우리가 잘 아는 대로 에서는 밖에 나가 짐승들을 사냥하는 '들사람'이었고, 야곱은 조용한 성품을 지닌 '집 사람'이었습니다. 아버지인 이삭은 별미를 좋아해서 에서를 좋아했고, 어머니인 리브가는 야곱을 에서보다 더 좋아했습니다. 그러나 하나님은 야곱을 사랑하셨고, 에서는 미워하셨습니다(말 1:2-3).

참으로 아이러니한 것은 집 사람인 야곱이 들사람이 되어 20년간 저 멀리 밧단아람에 있는 외삼촌 라반의 집에서 양 무리를 먹이면서 갖은 고생을 다 했을 뿐 아니라, 그가 그토록 사랑하는 어머니의 임종을 지켜보지 못하고 말았다는 것입니다.

한편 에서는 팥죽 한 그릇에 '장자의 명분'을 팔고 망령된 자가 되어 "그 후에 축복을 이어받으려고 눈물을 흘리며 구하되 버린 바"(히

12:17)가 되고 말았습니다. 그는 그야말로 '망령된 자'가 되고 말았습니다(히 12:16). 지금 성지 순례를 가 보면 에서의 후손들은 소위 '페트라'라는 바위숲 속에서 작은 석조 인형을 만들어 팔면서 매우 가난하게 살아가고 있는 모습을 볼 수 있습니다.

이 세상에는 크게 나누어서 두 종류의 그리스도인들이 살아가고 있습니다. 하나는 '에서형(型)'의 신자요, 또 하나는 '야곱형'의 신자입니다.

에서형은 '외향성(外向性)의 그리스도인의 표상'으로서, 에서처럼 주로 밖으로 나타나거나 눈에 보이는 것들을 더 좋아하고 애타게 추구합니다. 이를테면 눈에 보이는 물질, 명예, 이 세상에서의 화려하고 아름다운 것들을 눈에 보이지 않는 것, 영원한 것보다 더 좋아합니다. 보이는 것들은 잠깐 있다가 없어지는 것들이요, 보이지 않는 영적인 것만이 참으로 영원하다는 것을 알면서도 말입니다.

"우리가 주목하는 것은 보이는 것이 아니요 보이지 않는 것이니 보이는 것은 잠깐이요 보이지 않는 것은 영원함이라"(고후 4:18).

이렇듯 에서형의 신자의 믿음은 '속으로' 자라는 것이 아니라 '밖으로' 자랍니다. 그래서 언제나 실속이 없고, 알차지 못하고, 늘 겉으로만 부풉니다. 허하기가 이를 데 없습니다. 속으로 파고 들어가 보면 허공을 헤매고 있으며, 실상은 아무것도 없고, 허무할 정도입니다.

그래서 이러한 사람은 한 번 실족해 넘어지면 다시 일어서기가 매우 힘듭니다. 딛고 일어설 만한 실제적인 믿음의 뿌리가 전혀 없기 때문입니다.

"믿음은 바라는 것들의 실상이요 보이지 않는 것들의 증거"(히 11:1)입니다. 우리는 영원히 실재하는 참된 것을 믿고 따라가는 자들이지 잠시, 잠깐 있다가 없어져 버리는 허상을 따라가는 자들이 아닙니다. 실제로 없는 것을 있는 것처럼 믿는 것은 미신입니다. 그런 사람들은 언제나 애매모호한 곳에서 헤맵니다.

한편 야곱은 '내향성(內向性)의 그리스도인의 표상'으로서, 이러한 신자는 야곱처럼 보이는 물질보다 보이지 않는 영적인 것과 하나님을 더욱더 갈망하고, 추구하며, 더 사랑하기 때문에 실속이 있고 알찹니다. 또한 든든하고, 영적으로 늘 풍요로운 부자입니다. 왜냐하면 욥이나 아브라함처럼 자신의 '모든 것의 모든 것'이 되시는 하나님 자신으로 늘 만족하면서 자족하는 지혜를 가지고 살아가기 때문입니다.

"그러나 자족하는 마음이 있으면 경건은 큰 이익이 되느니라 우리가 세상에 아무것도 가지고 온 것이 없으매 또한 아무것도 가지고 가지 못하리니 우리가 먹을 것과 입을 것이 있은즉 족한 줄로 알 것이니라"
(딤전 6:6-8).

우리는 언뜻 겉으로 볼 때는 야곱을 물질의 축복에 대해 매우 욕심이 많은 사람처럼 여기기 쉽습니다. 그가 형의 축복과 외삼촌 라반의 양 떼를 인간적인 잔꾀를 써서라도 쟁취하려고 한 것은 그가 보통 수준이 넘기 때문이었습니다. 그러나 그럼에도 불구하고, 야곱은 형에서와 같은 외향성의 사람이 아니라 하나님을 향해, 참으로 영적인 참된 것을 향해 안으로, 안으로 파고 들어가는 내향성의 사람이었음이 분명합니다.

야곱의 재산 제1호는 어디까지나 하나님과 영적인 장자의 기업이었습니다. 그 증거로, 애굽 땅과 야곱이 살던 가나안 땅에 가뭄으로 인해 심한 기근이 들었을 때 야곱이 양식을 구하러 그의 아들들을 애굽으로 보내면서 "다시 가서 우리를 위하여 양식을 조금 사 오라"(창 43:2)라고 말한 것을 들 수 있습니다. 극한 가뭄과 기근의 때에 야곱이 의지한 대상은 '하나님'이셨지, 양식 곧 '물질'이 아니었음을 알 수 있습니다.

언뜻 겉으로 볼 때 외향성인 에서형의 신자가 내향성인 야곱형의 신자보다 더 많고, 더 강하고, 더 부요하게 잘사는 것처럼 보일 수 있습니다. 그래서 많은 그리스도인이 그 길을 더 많이 갈망하며 따라갑니다.

그러나 실상 영적인 눈을 뜨고 보면 내향성의 야곱이 외향성의 에서보다 훨씬 더 강하고 부요합니다. 왜냐하면 야곱은 하나님과 그 하나님의 영적인 장자의 기업을 가졌기 때문입니다.

"그러나 너희가 이른 곳은 시온산과 살아 계신 하나님의 도성인 하늘의 예루살렘과 천만 천사와 하늘에 기록된 장자들의 모임과 교회와 만민의 심판자이신 하나님과 및 온전하게 된 의인의 영들과 새 언약의 중보자이신 예수와 및 아벨의 피보다 더 나은 것을 말하는 뿌린 피니라"(히 12:22-24).

13

누리는 것과
베푸는 것

어떤 사람들은 돈을 쌓아 두는 맛으로 살아갑니다. 그래서 주식을 사고, 많은 부동산을 사 모읍니다. 그러나 그들 중에는 죽는 날까지 자신과 가족을 위해서는 한 푼도 쓰지 못하는 이들도 많이 있습니다. 성경에 나오는 '어리석은 부자'가 그러합니다. 그는 자신을 위해 창고에 많은 재물을 쌓아 놓고 그것으로 안정과 위로를 얻었고, 기쁨을 구하는 삶을 살아갔습니다.

그런가 하면 대개 많은 사람은 '자신을 위해 마음껏 쓰는 것이 축복을 잘 누리는 것'이라고 생각합니다. 이것이 사람들의 일반적인 생각입니다. 그래서 그들은 여행을 하고 세계적인 명작품들과 명품을 사 모읍니다. 그들은 자신을 위해 쓰는 데서 기쁨과 즐거움을 찾는 사람들로서, 대체로 자신을 과시하기를 좋아합니다.

경제기획원 장관을 지낸 어떤 분이 "돈은 버는 맛이요, 쓰는 멋이다"라고 했습니다. 매우 일리가 있는 말이라고 생각합니다. 버는 만큼 잘 쓸 줄도 알아야 한다는 뜻인 것 같습니다. 그러나 돈을 펑펑 쓰라는 말은 아닙니다.

하나님이 주시는 축복을 받는 것은 중요하지만, 받은 축복을 누리는 것은 그보다 훨씬 더 중요합니다. 사람들은 자신을 위해 원 없이 써 보아도 마음에 참된 기쁨과 행복을 느끼지 못하며, 하나님이 주시는 참된 평강을 누리지 못합니다.

대개 사람들은 자기를 위해 자기와 타인을 사랑하나, 그리스도인들은 다른 사람들을 통해서(다른 사람들에 의해서) 자기를 사랑합니다. 유태인 철학자 마르틴 브버(Martin Buber)의 말처럼 사람들이 '나'라고 말할 때 '나' 속에는 '너'가 이미 내포되어 있으며, '너'라고 말할 때 '너' 속에는 '나'가 이미 들어 있습니다. '너'가 없는 '나'란 결코 존재할 수가 없습니다. 또한 그는 인간은 '작은 당신'인 타인과 '큰 당신'인 하나님을 통해 진정한 나를 발견하게 된다고 말했습니다.[24]

성경은 다른 사람들을 위해 '베푸는 삶'이 진정으로 하나님이 주신 축복을 '누리는 삶'이라고 말합니다. 이것이 곧 축복의 원리요, 핵심입니다. 나 자신의 삶을 가장 풍요롭게 하는 지고의 행복한 삶입니다.

14

화평함과 거룩함

"모든 사람과 더불어 화평함과 거룩함을 따르라 이것이 없이는 아무도 주를 보지 못하리라"(히 12:14).

이 말씀은 우리에게 많은 갈등을 가져다줍니다. 그 이유는 화평함과 거룩함은 언뜻 겉으로 볼 때 서로 상반된 것처럼 보이기 때문입니다. 그러나 실상 알고 보면 이 둘은 서로 다른 개체가 아니며, 서로 하나로서 불가분리의 관계에 있습니다. 또한 화평함과 거룩함은 서로 '표리의 관계'입니다. 거룩함이 '안'이라면, 화평함은 '겉'으로서 거룩함의 결과라고 할 수 있습니다.

거룩함을 너무 강조하면 화평함이 깨어지고, 한편 화평함을 너무 강조하다 보면 거룩함이 무너져 버리고 맙니다. 이것이 그리스도인들의 딜레마입니다. 중세 로마는 거룩함이 없이 오직 힘(刀)에 의한 화평, 소위 '팍스 로마나'(Pax Romana)를 내세웠습니다. 그것은 힘의 균형이 깨어지자 허무하게 무너져 버리고 말았습니다.

우리가 일반적으로 보면 '화평함'의 반대는 '전쟁'이지만, 성경적인 의미에서 볼 때는 '죄'라고 할 수 있습니다. 그러므로 화평함과 거룩함은 따로따로 있는 것이 아니라(다른 것이 아니라), 실상은 서로 하나로서 같은 것입니다. 화평함이 곧 거룩함이고, 거룩함이 곧 화평함으로서 이 둘은 안과 밖일 뿐입니다. 거룩함을 떠나서 화평함이 설 수 없고, 화평함이 없는 거룩함은 무의미한 것이요, 무가치한 것입니다.

우리의 갈등은 이 들을 서로 같은 것, 즉 동일체로 보지 않고 서로 다른 것으로 보기 때문에 일어납니다. 둘은 서로 같은 것으로서, 거룩함이 화평함의 본질(本質)이라고 한다면, 화평함은 거룩함의 열매 곧 결과라고 할 수 있습니다. 화평함과 거룩함은 서로 따로 있으면 둘 다 깨어지지만, 함께 있으면 둘 다 세워집니다.

15

다윗과 골리앗의 처세술

블레셋의 대장 골리앗은 거인으로서 그 키가 6규빗 한 뼘(약 3m)이요, 머리에는 놋 투구를 썼고, 몸에는 비늘 갑옷을 입었는데, 그 갑옷의 무게가 놋 5,000세겔(약 57kg)이었습니다. 또한 그의 다리에는 놋 각반을 쳤고, 어깨 사이에는 놋 단창을 메었는데, 그 창 자루는 베틀 채 같았고, 창날은 철 600세겔(약 7kg)이었습니다(삼상 17:4-7).

그에 반해서 다윗은 아직 젊고, 붉고, 아름다운 용모를 가진 어린 소년으로서, 그의 손에는 막대기와 목동 시절 아버지의 양 무리를 치며 익힌 물매가 들려 있었습니다. 다윗은 시내에서 주운 매끄러운 돌 5개를 골라서 주머니에 넣고 블레셋의 대장 골리앗을 무찌르기 위해 앞으로 나아갔습니다. 사울왕과 그의 신하들이 볼 때에도, 삼척동자가 볼지라도 이것은 도저히 게임이 안 되는 전쟁이었습니다.

그러나 다윗은 그 손을 주머니에 넣어 돌 하나를 꺼내어 물매에 넣고 골리앗을 향해 빨리 달려가 물매 돌을 던졌습니다. 돌이 블레셋 사람 골리앗의 이마에 정통으로 박혔고, 골리앗은 단숨에 땅에 엎드러져서 죽고 말았습니다.

여기서 '다윗'은 우리 그리스도인들의 표상이요, '골리앗'은 이 세상 사람들, 곧 비신자들의 표상이라고 말할 수 있습니다. 우리는 늘 골리앗처럼 거대한 외모와 큰 힘을 가지고 있는 이 세상 사람들 가운데서 살아갑니다. 여기서 주눅 들지 않고 살아남기 위해서는 다윗처럼 이 세상 사람들의 처세술과는 전혀 다른, 우리 그리스도인들만의 고유하고 독특한 처세술을 가져야 하며, 또한 그것을 우리의 몸에 익혀야 합니다. 다윗의 물매 돌처럼 말입니다. 술과 담배를 하지 않고도 세상 사람들을 능가할 수 있는 처세술을 익혀야 합니다.

이 세상 사람들은 권력과 재물과 지식의 갑옷으로 완전무장을 하고 우리 그리스도인들에게 도전해 옵니다. 그럴 때 그리스도인들은 세상 사람들이 보기에 너무나 초라하고 보잘것없는 '믿음'이라는 물매 하나만 달랑 들고 나갑니다. 믿음의 물매 하나로 한 방에 적을 쓰러뜨려야 합니다. 그러기 위해서 우리는 어떻게 해야 할까요?

첫째, 현재 내 눈앞에 보이는 적과 도저히 비교할 수 없을 만큼 무한히 큰 능력을 가지신 하나님을 볼 수 있는 눈이 우리에게 있어야 합니다.

다윗은 싸우러 나갈 때 블레셋의 대장 골리앗을 향해 "너는 칼과 창과 단창으로 내게 나아오거니와 나는 만군의 여호와의 이름 곧 네가 모욕하는 이스라엘 군대의 하나님의 이름으로 네게 나아가노라" (삼상 17:45)라고 말했습니다.

세상이 커 보이는 사람은 하나님이 작아 보이고, 한편 하나님이 커 보이는 사람은 이 세상이 형편없이 초라하고 작아 보입니다. 다윗에게 골리앗은 밀면 금방이라도 넘어질 수밖에 없는 한낱 지푸라기 같은 존재에 불과했습니다.

어떤 선교사가 영국의 헨리왕 앞에 붙들려 갔습니다. 그 앞에서 사시나무 떨듯이 벌벌 떨고 있었는데, 그때 청천벽력 같은 하나님의 음성이 그의 마음에 들렸습니다.

"종아, 너는 지금 헨리왕 앞에 있는 것이 아니라 만왕의 왕이신 하나님 앞에 있다!"

그때 그는 모든 두려움이 순식간에 사라지는 것을 온몸으로 느낄 수 있었습니다.

둘째, 이 세상 '인간의 방법'은 아무리 완전무장을 한다고 해도 어느 한 곳에 결정적인 허점이 있기 마련인 데 반해 그리스도인들이 가진 '믿음의 방법'은 완전무결해 한 방이면 적을 능히 무너뜨릴 수 있다는 사실을 믿어야 합니다.

골리앗은 머리에 놋 투구를 쓰고, 갑옷으로 온몸을 완전무장했지만 그 이마에 결정적인 허점이 노출되어 있었습니다. 그래서 다윗의 물매 돌 한 방에 무기력하게 쓰러져 버리고 말았습니다.

하나님의 말씀에 의한 신령한 지혜는 이 세상 모든 '노인'보다 더 지혜롭고, 나를 대적해 오는 모든 '원수'보다 더 지혜롭습니다. 나의 명철이 나의 모든 '스승'보다 나를 더 지혜롭게 하옵니다(시 119:97-100).

이 세상 그 누구도 참으로 하나님을 경외하며 주의 법을 사랑하는 자를 결코 이길 수 없습니다. 신령한 지혜는 이 세상 인간의 모사를 한 방에 가로질러 갑니다.

> "여호와의 증거는 확실하여 우둔한 자를 지혜롭게 하며……여호와의 계명은 순결하여 눈을 밝게 하시도다"(시 19:7-8).

셋째, 우리는 다윗처럼 '믿음의 방법'을 익히기 위해 오랜 기간 은밀한 가운데 하나님 앞에서 목숨을 건 '믿음의 훈련'을 쌓아야 합니다.

다윗은 물매 돌 한 방에 골리앗을 쳐서 무너뜨렸습니다. 하지만 다윗은 어린 시절부터 아무도 없는 들판에서 홀로 하나님만 의지한 채 아버지의 양 무리를 사자와 곰의 발톱에서 구원해 낸 모험적인 훈련을 통해 물매를 익혀 왔기에 오늘의 승리가 가능했던 것입니다.

목숨을 거는 모험이 없이는 이 세상 인간의 모든 방법을 능가할 만한 하나님의 방법(믿음의 방법)을 터득할 수 없습니다. 하나님은 이 세상 사람들을 이기게 하시기 위해 세상 사람들보다 훨씬 더 강하게 우리 그리스도인들을 훈련하십니다. 마침내 실제로 될 때까지 우리를 훈련하시고, 또 훈련하십니다. 우리의 모든 영적인 근육이 길들

여질 때까지 말입니다.

  다윗의 물매가 마치 그의 몸의 한 지체처럼 느껴질 때까지 다윗을 훈련하신 것처럼, 하나님은 우리 그리스도인들에게 '믿음의 방법'을 훈련하십니다. 하나님께 '적당히'란 없습니다. 하나님은 철저히 훈련하시고, 철저히 이기게 하십니다.

16
성령과 주님의 계명_ 임마누엘

(요 14:15-27, 16:32-33)

주님은 이 세상을 떠나시면서 주님과 우리가 '하나' 될 수 있는 두 개의 '절대적인 끈'을 남겨 두셨습니다.

하나는 이 세상이 끝나는 그날까지 항상 우리 안에서 우리를 도우시는 '보혜사 성령'이시며, 또 다른 하나는 우리 밖에서 주님이 우리와 함께하심을 보여 주는 주님의 '사랑의 계명'입니다(요 13:34-35). 성령은 우리의 '심령 내면'에서, 계명은 우리의 '바깥'에서(삶에서) 주님과 우리가 하나임을 증거하는 절대적인 끈입니다.

그래서 예수님은 죽음을 앞두고 행하신 마지막 고별 설교에서 자신을 따르던 제자들에게 이렇게 말씀하셨습니다.

"내가 너희를 고아와 같이 버려두지 아니하고 너희에게로 오리라 조금 있으면 세상은 다시 나를 보지 못할 것이로되 [성령을 통해] 너희는 나를 보리니 이는 내가 살아 있고 너희도 살아 있겠음이라 [주님이 떠나가시고 대신 보혜사 성령이 임하시는] 그날에는 내가 아버지 안에, 너희가 내 안에, 내가 너희 안에 있는 것을 너희가 알리라"(요 14:18-20).

또한 주님은 "너희가 나를 사랑하면 나의 계명을 지키리라……나의 계명을 지키는 자라야 나를 사랑하는 자니 나를 사랑하는 자는 내 아버지께 사랑을 받을 것이요 나도 그를 사랑하여 그에게 나를 나타내리라"(요 14:15, 21)라고 말씀하셨고, "내가 아버지의 계명을 지켜 그의 사랑 안에 거하는 것같이 너희도 내 계명을 지키면 내 사랑 안에 거하리라 내가 이것을 너희에게 이름은 내 기쁨이 너희 안에 있어 너희 기쁨을 충만하게 하려 함이라 내 계명은 곧 내가 너희를 사랑한 것같이 너희도 서로 사랑하라 하는 이것이니라"(요 15:10-12)라고 하셨습니다.

우리가 환란과 고난 많은 이 세상을 살아가면서 '임마누엘의 하나님'을 깨닫는 것 이상으로 큰 위로와 기쁨과 힘이 되는 것은 아무것도 없습니다.

예수님은 동정녀 마리아의 몸을 통해서 임마누엘의 하나님으로 이 땅에 탄생하셨으며(마 1:23), 이 땅을 떠나가신 후에도 보혜사 성령과 그분의 계명을 통해서 여전히 임마누엘의 하나님으로 우리와 언제 어디서나 항상 함께하십니다.

그럼에도 불구하고 때로 우리가 이 땅에서 마치 고아처럼 느껴지는 이유는 주님이 우리와 함께하시지 않기 때문이 아닙니다. 우리가 성령의 임재와 그분의 내주하심을 믿지 못해 그분과 동행하지 않기 때문이며, 또한 주님의 계명대로 서로를 뜨겁게 사랑하지 않기 때문입니다.

초대교회 성도들은 입 안에 있는 떡도 꺼내어 서로 나누어 먹을 만큼 내 것, 네 것 없이 서로 뜨겁게 사랑했습니다. 그럼으로써 주님이 그들 가운데 항상 함께 계심을 실제로 충만히 느낄 수 있었습니다. 왜냐하면 하나님은 곧 사랑이시기 때문입니다(요일 4:8).

김진홍 목사님이 젊은 날 학생운동을 하다가 한겨울에 감옥에 투옥되었을 때의 일입니다. 그때 홑으로 된 흰 바지와 저고리를 입고 차가운 시멘트 바닥에서 밤에 잠을 청해야 했는데, 너무 추워서 도저히 잠이 오지 않았습니다. 그래서 맨 바닥에 무릎을 꿇고 간절히 기도했습니다.

"하나님, 온몸이 아리고 너무 추워서 잠을 잘 수가 없사오니 제 몸을 좀 따스하게 해주십시오!"

그러자 놀랍게도 조금 있다가 몸이 따뜻해졌는데, 마침내 감당할 수 없을 만큼 온몸이 불덩이로 변했습니다. 그래서 나중에는 너무 더워서 옷을 훌훌 벗어 던졌다고 합니다. 그때 처음으로 성령의 불을 체험했던 것입니다. 김진홍 목사님은 몸과 마음이 뜨거워지면서 그날 밤 하나님께 한없는 감사와 함께 회개의 눈물을 흘렸다고 합니다.

"주는 영이시니 주의 영이 계신 곳에는 자유가 있느니라"(고후 3:17).

언제 어디서나, 지금도 우리가 성령의 임재를 믿음으로 인정하기만 하면 성령은 모든 환경을 초월해 자유자재로 모든 것을 통제하시며 역사하십니다.

주님이 대제사장 가야바의 뜰에서 심문을 받고 계실 때 주님의 제자들은 주님을 버리고 뿔뿔이 흩어졌습니다. 이 일을 알고 계셨던 주님은 마지막 고별 설교에서 "보라 너희가 다 각각 제 곳으로 흩어지고 나를 혼자 둘 때가 오나니 벌써 왔도다 그러나 내가 혼자 있는 것이 아니라 [보혜사 성령을 통해] 아버지께서 나와 함께 계시느니라 이것을 너희에게 이르는 것은 [임마누엘의 하나님을 믿음으로 말미암아] 너희로 내 안에서 평안을 누리게 하려 함이라 세상에서는 너희가 환난을 당하나 담대하라 내가 세상을 이기었노라"(요 16:32-33)라고 말씀하셨습니다.

부활, 승천하신 주님은 지금도 변함없이 그분이 보내신 보혜사 성령을 통해 이 땅에서 고난당하는 모든 성도와 임마누엘의 하나님으로 항상 함께하십니다. 그러므로 우리는 '성령'과 '주님의 계명'에 적극 순종함으로 말미암아 지금도 에녹처럼 임마누엘의 하나님과 늘 동행하는 행복한 삶을 살아갈 수 있습니다.

주

1) 성 어거스틴(St. Augustinus), 『고백록』, 크리스천다이제스트, 2016, pp. 137-138.
2) Billiy Graham, *How to be Born Again* (Nashville: Word Publishing, 1989), p. 178.
3) 마틴 로이드 존스(Martyn Lloyd Jones), 사도행전 강해 설교, 제1권 『진정한 기독교』, 복있는사람, 2011, p. 360.
4) 에드워드 뵐(Eduard Böhl), 『구약 속의 그리스도』, 한국로고스연구원, 1995, pp. 87-90.
5) 이찬수, 『오늘을 견뎌라』, 규장, 2014, p. 228.
6) 이찬수, 같은 책, p. 229.
7) '세례'(헬라어로 '밥티조마이')란 원래 '잠그다', '잠기다'라는 의미를 가지고 있습니다.
8) 마틴 로이드 존스, 같은 책, pp. 12-13.
9) 존 스토트(John Stott), 『갈라디아서 강해』, IVP, 2007, p. 32.
10) M. R. 디한(M. R. De Haan), 『율법이냐 은혜냐』, 생명의말씀사, 2000, p. 109.
11) 카터 린드버그(Carter Lindberg), 『말틴 루터-은총으로 의롭게 됨』, 컨콜디아사, 1990, p. 39.
12) 김서택, 『갈라디아서 강해(2)-다시는 종의 멍에를 메지 말라』, 생명의말씀사, 1999, p. 82.
13) 곽선희, 『요한복음 강해(상)-은혜와 진리의 대화』, 도서출판 엠마오, 1986, pp. 383-390.

14) 제임스 몽고메리 보이스(James Montgomery Boice), *An Expositional Commentary, The Gospel of John*, Vol. 1, pp. 286-287.
15) 워렌 W. 위어스비(Warren W. Wiersbe), 『마가복음 강해 - 어떻게 주께 봉사하며 살 수 있는가?』, 나침반, 1993, pp. 31-33.
16) 이찬수, 같은 책, pp. 52-53.
17) 그래함 스크로기(W. Gram Scroggie), *Tested by Temptation*, Kregel Publication, p. 54.
18) *Accommodatio Dei*, A theme in K. Schilder's theology of revelation, p. 10, by Jacobus De Jong Dissertatie-Utigeverij, Kampen, 1990.
19) 앤드류 머레이(Andrew Murray), 『겸손』, 미래사CROSS, 2017, p. 15.
20) 복음에 의한 조화와 균형 있는 성숙한 믿음을 위해 편견이나 편벽 없는 신앙을 강조했습니다.
21) 마틴 로이드 존스, 『요한일서 강해(4)-하나님의 사람』, 생명의말씀사, 1994, p. 28.
22) 존 맥아더(John MacArthur), 『예배』, 아가페북스, 2013, p. 61.
23) 존 맥아더, 『참된 예배』, 두란노, 1996, p. 93.
24) 마르틴 부버(Martin Buber), 『나와 너』(*Ich und Du*).

이 책을 구입하신 분들 가운데 원하시는 분께 라이프 로드 싱어즈(Life Road's Singers)의 CD와 공연에 참석할 수 있는 초대권을 보내 드립니다. 본 찬양 선교단은 생명길선교회에 속해 있으며 매년 한 차례씩 미국을 비롯한 해외 순회공연과 매월 4-5회 이상 국내 순회공연을 갖는 영성이 강한 복음적인 찬양 선교 단체입니다.

문의 : lrsingers@naver.com / 070-7516-7326 (박아영 간사)

사명선언문

너희가 흠이 없고 순전하여……세상에서 그들 가운데 빛들로
나타내며 생명의 말씀을 밝혀 _ 빌 2:15-16

1. 생명을 담겠습니다
만드는 책에 주님 주신 생명을 담겠습니다.
그 책으로 복음을 선포하겠습니다.

2. 말씀을 밝히겠습니다
생명의 근본은 말씀입니다.
말씀을 밝혀 성도와 교회의 성장을 돕겠습니다.

3. 빛이 되겠습니다
시대와 영혼의 어두움을 밝혀 주님 앞으로 이끄는
빛이 되는 책을 만들겠습니다.

4. 순전히 행하겠습니다
책을 만들고 전하는 일과 경영하는 일에 부끄러움이 없는
정직함으로 행하겠습니다.

5. 끝까지 전파하겠습니다
모든 사람에게, 땅 끝까지, 주님 오시는 그날까지
복음을 전하는 사명을 다하겠습니다.

서점 안내

광화문점 서울시 종로구 새문안로 69 구세군회관 1층
02)737-2288(T) 02)737-4623(F)

강남점 서울시 서초구 신반포로 177 반포쇼핑타운 3동 2층
02)595-1211(T) 02)595-3549(F)

구로점 서울시 구로구 시흥대로 577 3층
02)858-8744(T) 02)838-0653(F)

노원점 서울시 노원구 동일로 1366 삼봉빌딩 지하 1층
02)938-7979(T) 02)3391-6169(F)

분당점 경기도 성남시 분당구 황새울로 315 대현빌딩 3층
031)707-5566(T) 031)707-4999(F)

일산점 경기도 고양시 일산서구 중앙로 1391 레이크타운 지하 1층
031)916-8787(T) 031)916-8788(F)

의정부점 경기도 의정부시 청사로47번길 12 성산타워 3층
031)845-0600(T) 031) 852-6930(F)

인터넷서점 www.lifebook.co.kr